Klaus Neuhaus

Meine Lieblingslieder
für alle Jahreszeiten

Die schönsten Lieder für 365 Tage

Mit Bildern von Tina Schulte

Sauerländer

Inhalt

Es war eine Mutter, die hatte vier Kinder

Text und Melodie:
trad.

1. Es war ei - ne Mut - ter, die hat - te vier Kin - der, den

Früh - ling, den Som - mer, den Herbst und den Win - ter. 1. Der

Früh - ling bringt Blu - men, der Som - mer den Klee, der

Herbst, der bringt Trau - ben, der Win - ter den Schnee.

2. Und wie sie sich schwingen im Jahresreihn,
   so tanzen und singen wir fröhlich darein.

Januar

Und wer im Januar geboren ist

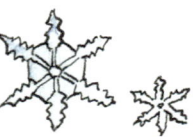

Text und Melodie:
trad.

Und wer im Ja-nu-ar ge-bo-ren ist, tritt ein, tritt ein, tritt
Er macht im Kreis ei-nen tie-fen Knicks, recht fein, recht fein, recht

ein!__ Mä-del, dreh dich, Mä-del, dreh dich, ei hop-sa - sa - sa!
fein!__ Ei, so dreh euch, ei, so dreh euch, ti - rall-la - la - la!

Das Alte ist vergangen

Text und Melodie:
trad. (aus Westfalen)

Das Al - te ist ver - gan - gen, das Neu - e an - ge - fan - gen.

Glück zu, Glück zu___, zum neu - en Jahr.

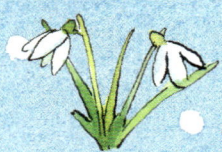

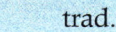

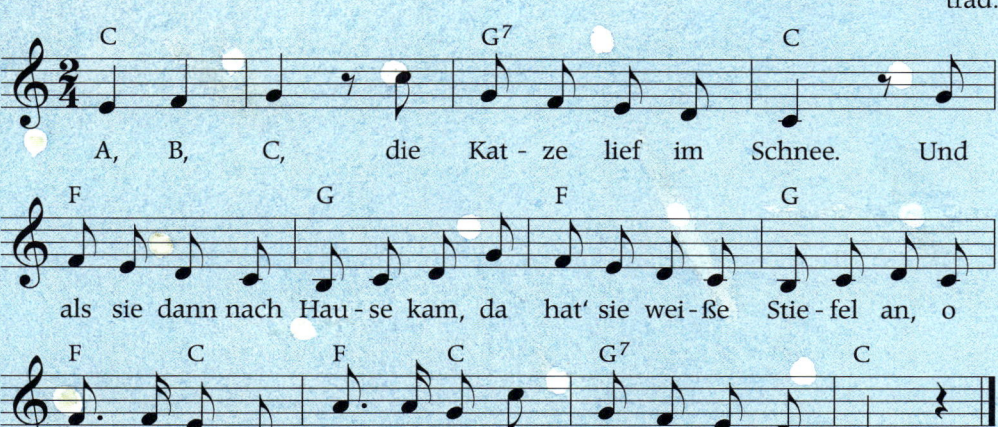

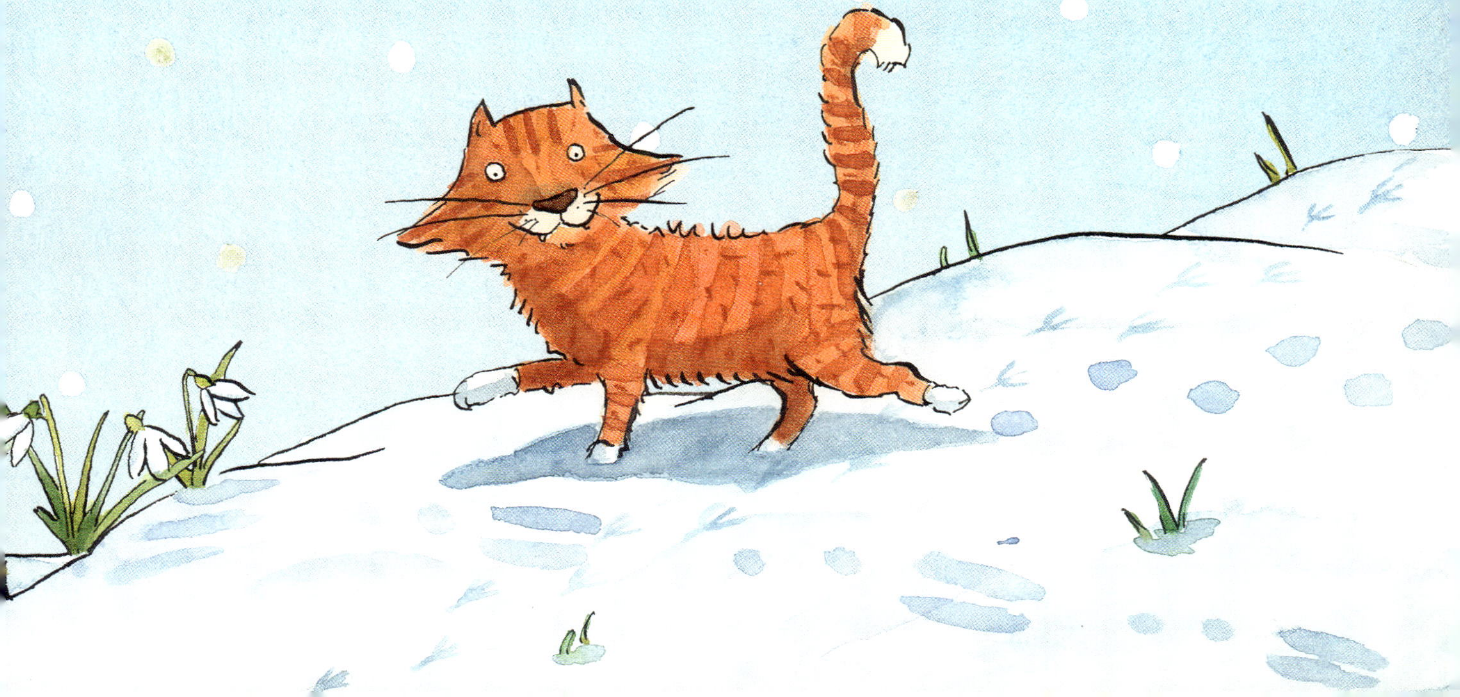

ABC, die Katze lief im Schnee

Text und Melodie:
trad.

C G7 C
A, B, C, die Kat - ze lief im Schnee. Und
F G F G
als sie dann nach Hau - se kam, da hat' sie wei - ße Stie - fel an, o
F C F C G7 C
je - mi-ne, o je - mi-ne, die Kat - ze lief im Schnee.

Eine Schneeballschlacht

Text und Melodie:
Klaus Neuhaus

1. Müt - ze, war - me Schu - he und den Schal

ho - len wir ge - schwind aus dem Re - gal.

Jetzt noch schnell die Ja - cke an, juch - he,

geht es ab nach drau - ßen in den Schnee. *Refrain:* Ei - ne

Schnee - ball - schlacht, ei - ne Schnee - ball - schlacht, da - rauf

freu'n sich al - le Kin - der, weil da je - der gern mit - macht. Ei - ne

Schnee - ball - schlacht, ei - ne Schnee - ball - schlacht, und so -

gar der al - te O - pa Krau - se lacht.

2. Eins, zwei, drei, wer hat den ersten Ball?
   Treffen werde ich auf jeden Fall.
   Schau, mein Schnellball fliegt ja richtig gut,
   leider trifft er Opa Krauses Hut.
   Refrain

3. Opa Krause bleibt nicht ruhig stehn,
   rollt den Schneeball schon im Handumdrehn,
   holt weit aus und wirft ihn ganz famos:
   Kinder, passt gut auf, jetzt geht's erst los!
   2 x Refrain

Die Heil'gen Drei Könige

Text: Rosemarie Künzler-Behncke
Melodie: Klaus W. Hoffmann

Die Heil-'gen Drei Kö-ni-ge hat-ten es schwer, sie

ka-men von weit aus der Fer-ne da-her. Der

Weg war so lang und auch vol-ler Ge-fahr für

Kas-par und Mel-chior und Bal-tha-sar. 1. Sie

lie-fen durch die Wüs-ten-län-der, und

ih-re präch-ti-gen Ge-wän-der, zu-erst so herr-lich auf-ge-

putzt, war'n bald ver-schwitzt und staub-be-schmutzt.

2. Es macht' sie müd der Wind aus Süden,
   trug's Zeltdach fort der Wind aus Norden.
   Der Wind aus Ost, der brachte Frost.
   Der Wind aus West blies gar so fest.
   Refrain

3. Am Tage liefen sie sich Blasen.
   Des Nachts, da froren ihre Nasen.
   Auch sahen sie sehr oft im Dunkeln
   verschied'ne Raubtieraugen funkeln.
   Refrain

Februar

Der Storch

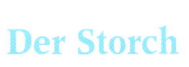

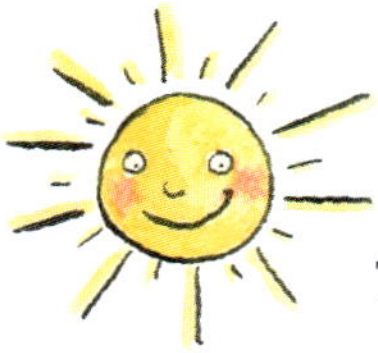

Text: August Heinrich Hoffmann von Fallersleben
Melodie: Klaus Neuhaus

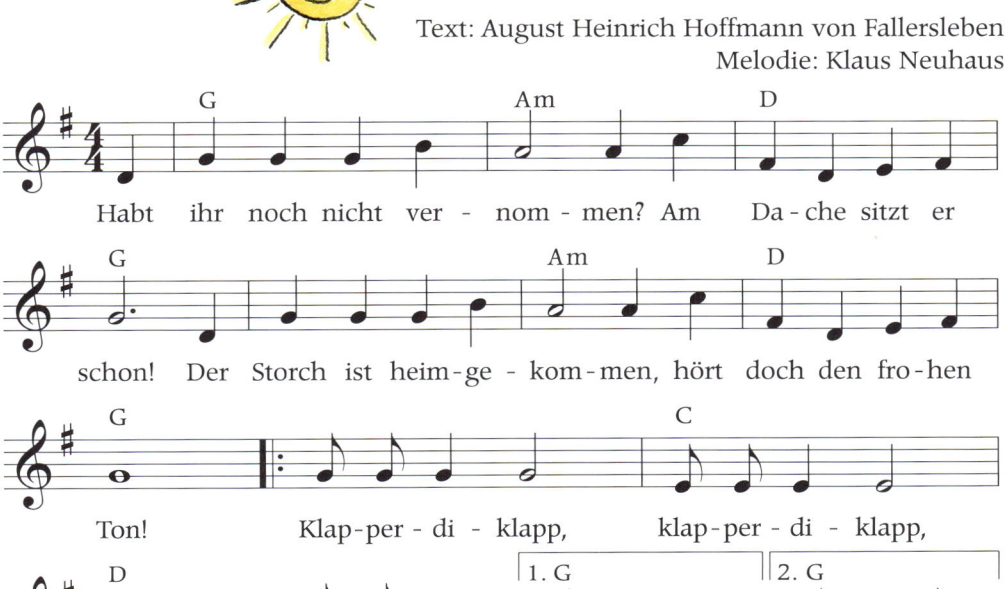

G Am D
Habt ihr noch nicht ver - nom - men? Am Da - che sitzt er
G Am D
schon! Der Storch ist heim - ge - kom - men, hört doch den fro - hen
G C
Ton! Klap - per - di - klapp, klap - per - di - klapp,
D 1. G 2. G
klap - per nur, klap - per du im - mer - zu! im - mer - zu!

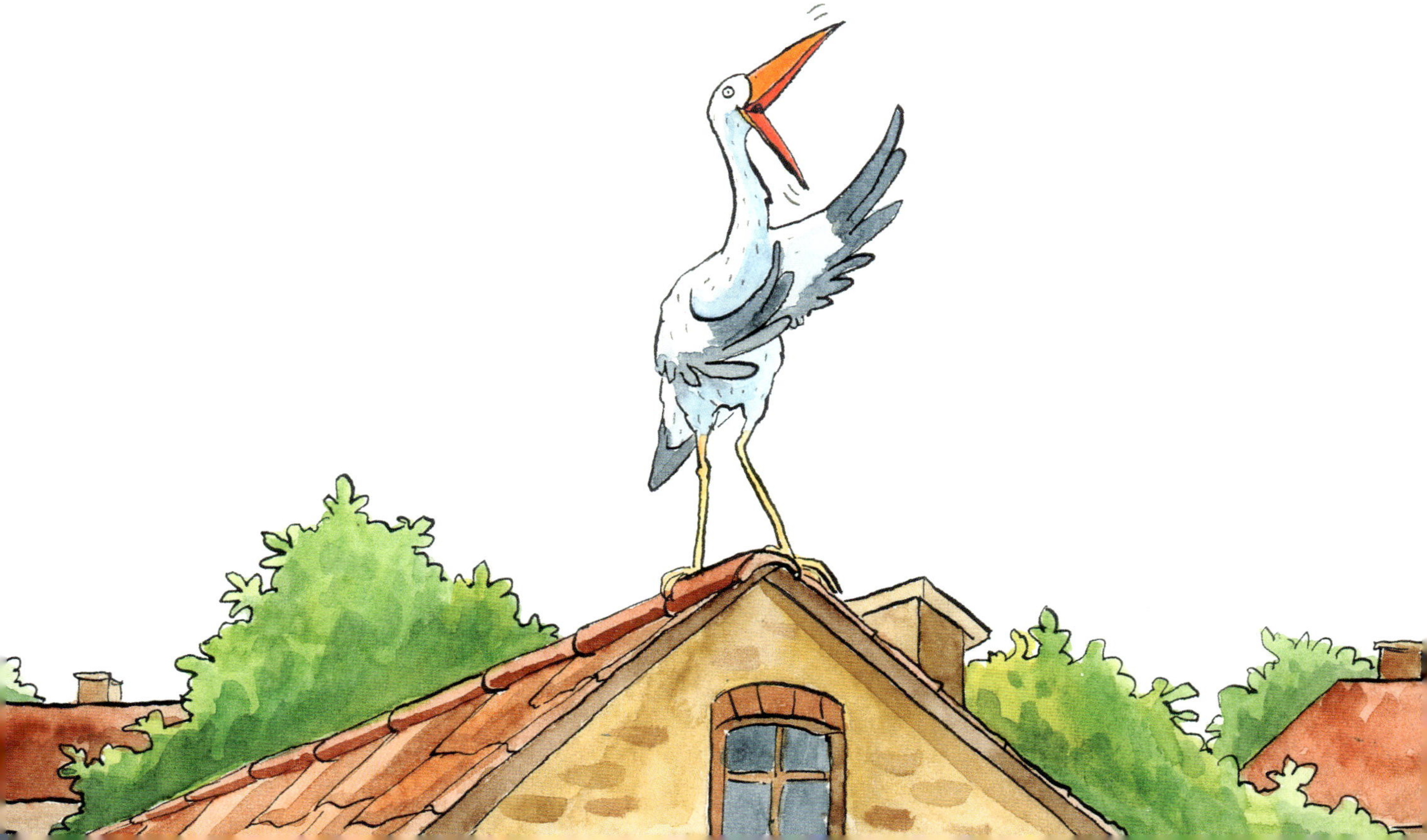

Feste Fasching feiern

Text und Melodie:
Thomas Lotz

Man - che sa - gen Fast - nacht,   and - re Kar - ne - val,

wie - der and - re Fa - sching, das   ist doch ganz e - gal!   Wir

hab'n die fünf - te Jah - res - zeit   auf der gan - zen Welt,   und

Zim - mer, Stra - ße, Klas - se wird zum gro - ßen Zir - kus - zelt.   Fes - te

Fa - sching fei - ern   mit bun - ten A - ben - teu - ern,   wir wol - len

viel er - le - ben,   wir wer - den gleich ab - he - ben!   E - gal, ob

Düs - sel - dorf, Stutt - gart, Müns - ter o - der Köln,   wer heut nicht

mit - macht, nach dem wird kein Hund mehr belln.   1. Wir gehn als

In - di - a - ner,   als Clown, als   Ei - sen - bah - ner,   wir sind die

Zwer - gen - band,   wir spiel'n mit   viel Ta - lent.   Wir schmin - ken

uns - re Na - sen,   wir hüp - fen   wie die Ha - sen,   sind au - ßer

Rand   und Band, hier   und   im   gan - zen   Land. Fes - te

mit - macht, nach dem   wird   kein   Hund mehr   belln!!_____

2. Wir singen unsre Lieder sehr laut und immer wieder,
und draußen hält die Kuh sich schon die Ohren zu!
Die Großen schaun erschrocken, hier bleibt kein Auge trocken,
wem das nicht passt, macht kehrt und lässt uns ungestört!

3. In Köln sagt man: »A- laaf!«, da ist man gar nicht brav.
In Mainz ruft man: »Helau!«, das macht den Himmel blau.
Doch auch in Esslingen die Lieder kess klingen,
und selbst in Paderborn sind heut die Narren vorn!

Sophie, die Schnupfenhex

Text und Melodie:
Dorothée Kreusch-Jacob

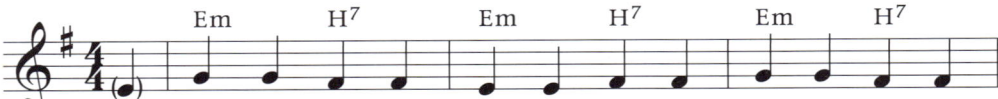

1. Hat-schi, hut-schi! Klix und Klex! Ich bin So-phie, die

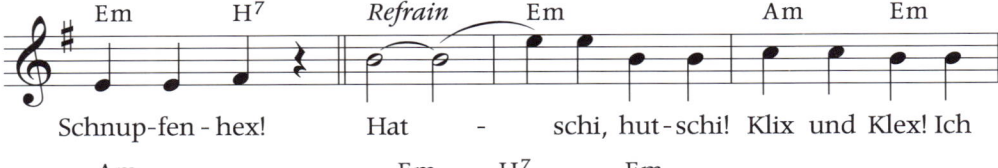

Schnup-fen-hex! *Refrain* Hat - schi, hut-schi! Klix und Klex! Ich

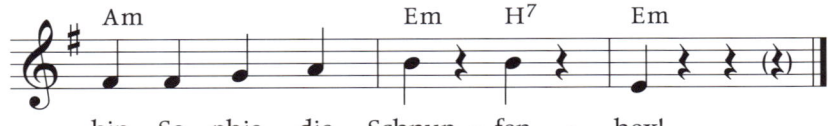

bin So-phie, die Schnup - fen - hex!

2. Auf meinem lila Taschentuch,
da steht ein Schnupfenzauber-
spruch!
Refrain

3. Spinnenfuß und Fliegendreck,
ich hex' dir deinen Schnupfen
weg!
Refrain

4. Zittergras und Zwiebeltee,
tut dir der Kopf noch immer weh?
Refrain

5. Drachenschwanz und Baldrian,
ich zaubre dir 'nen neuen Zahn.
Refrain

6. Kichererbsen, Rabenblut,
lach mal – dann wird alles gut.
Refrain

7. Scheuerlappen, Igelfett,
spring pumperlg'sund aus deinem
Bett!
Refrain

8. Stiefelbürste, Bohnenstroh,
morgen bist du wieder froh!
Refrain

Wir sind 'ne lange Schlange

Text und Melodie:
Klaus Neuhaus

Wir, wir, wir, wir sind ein lan - ges Tier. Wie

heißt denn wohl das Tier? Komm, ich ver - rat es dir. 1. Wir

sind 'ne lan - ge Schlan - ge, wir sind 'ne lan - ge Schlan - ge.

Mm - mm ist nicht ban - ge und schließt sich hin - ten an. Wir

sind 'ne lan - ge Schlan - ge, wir sind 'ne lan - ge Schlan - ge. Bi -

an - ca ist nicht ban - ge und schließt sich hin - ten an.

2. Wir, wir, wir,
   wir sind ein langes Tier ...
   Wir sind 'ne lange Schlange ...
   Till-Hendrik ist nicht bange ...

3. Wir, wir, wir,
   wir sind ein langes Tier ...
   Wir sind 'ne lange Schlange ...
   Sabrina ist nicht bange ...

4. Wir, wir, wir,
   wir sind ein langes Tier ...
   Wir sind 'ne lange Schlange ...
   Johannes ist nicht bange ...

5. Wir, wir, wir,
   wir sind ein langes Tier ...
   Wir sind 'ne lange Schlange ...
   Mm-mm ist nicht bange ...

Die drei Spatzen

Text: Christian Morgenstern
Melodie: Klaus Neuhaus

1. In ei - nem lee - ren Ha - sel - strauch, da sit - zen drei

Spat - zen, Bauch an Bauch. *Instrumental*

2. Der Erich rechts und links der Franz
   und mittendrin der freche Hans.

3. Sie haben die Augen zu, ganz zu,
   und obendrüber, da schneit es, hu!

4. Sie rücken zusammen dicht, ganz dicht.
   So warm wie der Hans hat's niemand nicht.

5. Sie hör'n alle drei ihrer Herzlein Gepoch.
   Und wenn sie nicht weg sind, so sitzen sie noch.

März

Im Märzen der Bauer

Text und Melodie:
trad. (aus Mähren)

1. Im Mär - zen der Bau - er die Röss-lein ein - spannt,
er pflegt sei - ne Fel - der und Wie - sen und Land.

Er a - ckert und pflü - get und eg - get und sät und

regt sei - ne Hän - de schon früh und noch spät.

2. Die Knechte und Mägde und all sein Gesind',
   das regt und bewegt sich wie er so geschwind.
   Sie singen manch munteres, fröhliches Lied
   und freu'n sich von Herzen, wenn alles schön blüht.

3. Und ist dann der Frühling und Sommer vorbei,
   so füllet die Scheuer der Herbst wieder neu.
   Und ist voll die Scheune, der Keller, das Haus,
   dann gibt's auch im Winter manch fröhlichen Schmaus.

Jetzt fängt das schöne Frühjahr an

Text und Melodie:
trad.

1. Jetzt fängt das schö- ne   Früh-jahr an und   al - les fängt zu

blü - hen an auf grü - ner   Heid'_____ und ü - ber - all.

2. Es blühen Blümlein auf dem Feld,
   sie blühen weiß, blau, rot und gelb,
   es gibt nichts Schöner's auf der Welt.

3. Jetzt geh ich über Berg und Tal,
   da hört man schon die Nachtigall
   auf grüner Heid' und überall.

Der Frühling ist kommen

Text: trad.
Melodie: Klaus Neuhaus

1. Der Früh - ling ist kom - men, der Früh - ling ist da! Wir freu - en uns al - le, juch - ei - ras - sas - sa!

2. Es singen die Vögel
   von fern und von nah:
   Der Frühling ist kommen,
   der Frühling ist da!

März

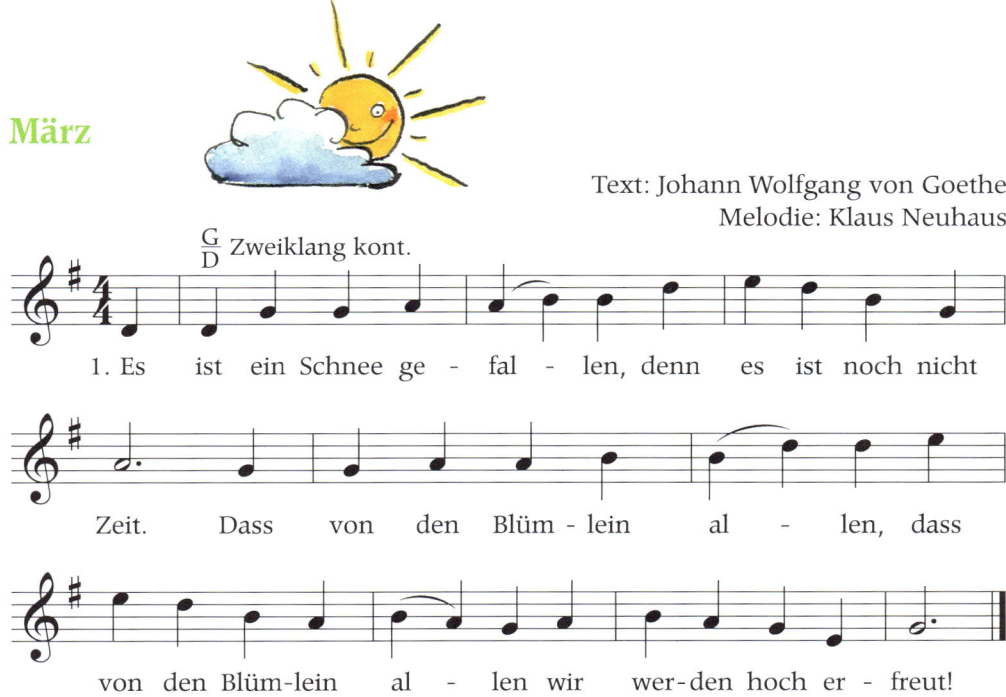

Text: Johann Wolfgang von Goethe
Melodie: Klaus Neuhaus

1. Es ist ein Schnee ge - fal - len, denn es ist noch nicht Zeit. Dass von den Blüm - lein al - len, dass von den Blüm-lein al - len wir wer-den hoch er - freut!

2. Der Sonnenblick betrüget
mit mildem, falschem Schein.
Die Schwalbe selber lüget.
Die Schwalbe selber lüget.
Warum? Sie kommt allein!

3. Sollt ich mich einzeln freuen,
wenn auch der Frühling nah?
Doch kommen wir zu zweien,
doch kommen wir zu zweien,
gleich ist der Sommer da.

Old MacDonald Had a Farm

Text und Melodie:
trad. (aus England)

1. Old Mac-Do-nald had a farm, E - I - E - I - O. And on his farm he had some ducks, E - I - E - I - O. With a quack, quack here and a quack, quack there, here a quack, there a quack, eve-ry-where a quack, quack. Old Mac-Do-nald had a farm, E - I - E - I - O.

2. Old MacDonald had a farm,
   E-I-E-I-O.
   And on his farm he had some cows,
   E-I-E-I-O.
   With a moo, moo here
   and a moo, moo there,
   here a moo, there a moo,
   everywhere a moo, moo.
   Old MacDonald had a farm,
   E-I-E-I-O.

3. Old MacDonald had a farm ...
   And on his farm he had some dogs ...
   With a woof, woof here ...

4. Old MacDonald had a farm …
   Cats … meow

5. Old MacDonald had a farm …
   Pigs … oink

6. Old MacDonald had a farm …
   Horses … neigh

7. Old MacDonald had a farm …
   Hens … cluck

8. Old MacDonald had a farm …
   Chicks … cheap

9. Old MacDonald had a farm …
   Bees … bzzz

10. Old MacDonald had a farm …
    Sheep … baa

April

April, April, April

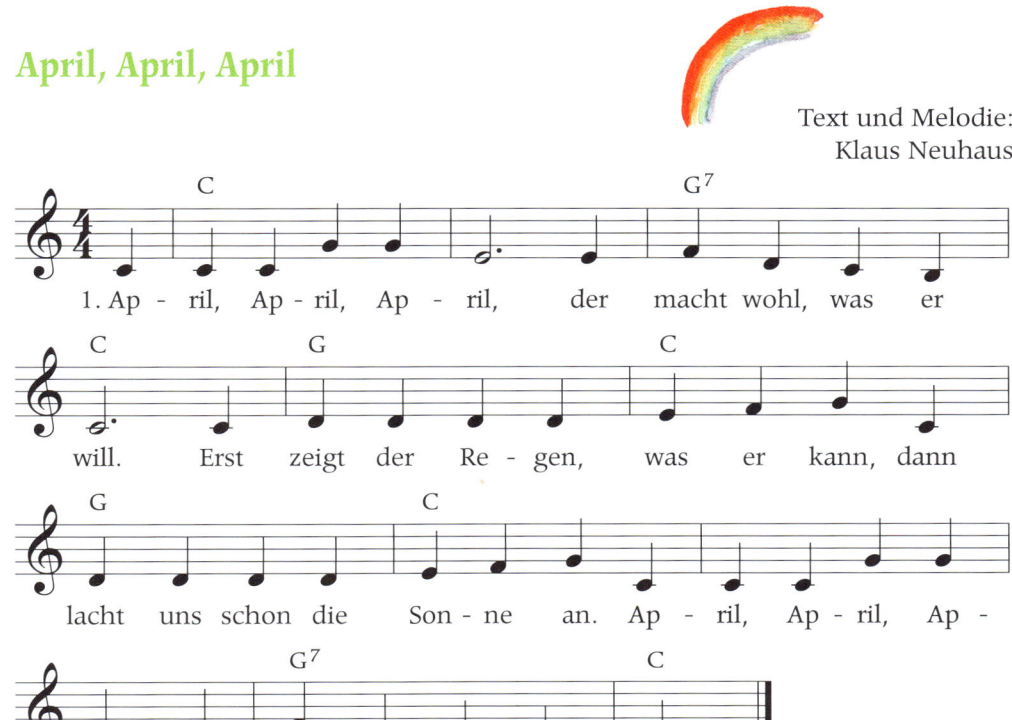

Text und Melodie:
Klaus Neuhaus

1. Ap - ril, Ap - ril, Ap - ril, der macht wohl, was er
will. Erst zeigt der Re - gen, was er kann, dann
lacht uns schon die Son - ne an. Ap - ril, Ap - ril, Ap -
ril, der macht wohl, was er will.

2. April, April, April,
   der macht wohl, was er will.
   Wir seh'n am Himmel wunderschön,
   den bunten Regenbogen steh'n.
   April, April, April,
   der macht wohl, was er will.

Zwei verliebte Ostereier

Text und Melodie:
Klaus W. Hoffmann

1. E - vi Ei und Mi - cky Mei - er, zwei ver - lieb - te Os - ter -

ei - er, E - vi ei - er, küss-ten sich zu hef - tig,

E - vi war sehr kräf - tig, Mi - cky Mei - er brach ent -

zwei – aus war's mit der Lie - be – lei. Mi - cky lei.

Has, Has, Osterhas

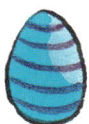

Text: Paula Dehmel
Melodie: Richard Rudolf Klein

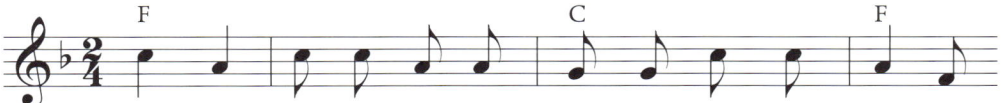

F C F
Has, Has, Os - ter - has, wir möch - ten nicht mehr war - ten.
C F C
Der Kro - kus und das Tau - send - schön, Ver - giss - mein - nicht und
F C7 F
Tul - pe stehn schon lang in un - serm Gar - ten.

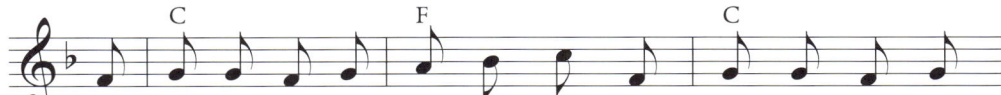

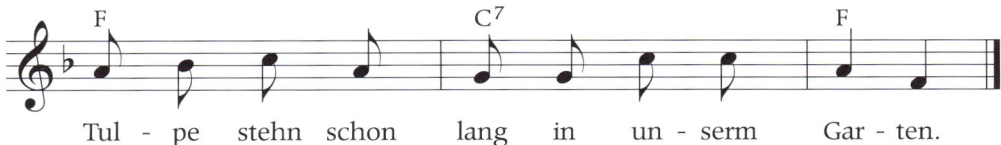

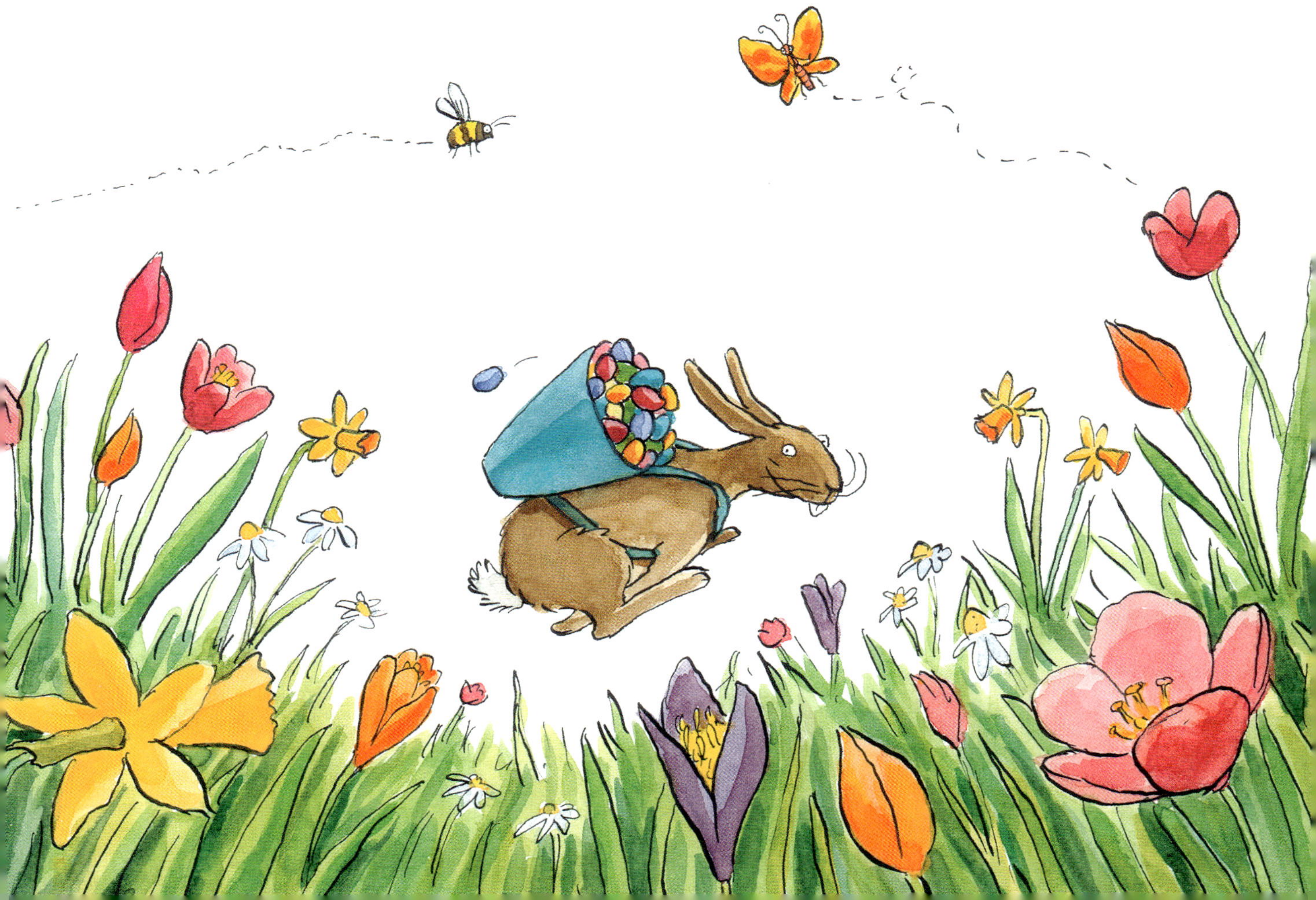

Der Hase Augustin

Text: Fredrik Vahle
Melodie: Mikis Theodorakis/Fredrik Vahle

1. Es war ein - mal ein Ha - se, der hieß Au - gus -
tin und lief un-glaub-lich schnell. Wenn der so durch die
Ge - gend lief und sei - ne fi - xen Ha - ken schlug, dann
blie-ben al - le Leu - te stehn, um Au - gus - tin zu sehn.
Seht mal, wer da rennt, seht mal, wer da rennt,
das ist wohl der Au - gus - tin, das Na - tur - ta - lent.

2. Augustin, der flitzte,
sprang über manche Pfütze
und aß gern Rosenkohl.
Doch kam der Förster angerannt,
schon war der schnelle Hase weg.
Der Gärtner stand im Rosenkohl
und staunte gar nicht schlecht:
Dreimal Sapperment ...

3. Einmal kam ein Jäger,
   ein dicker, fetter Jäger,
   Herr Schlamm aus Düsseldorf.
   Der hatte sich 'ne Jagd gekauft
   und wollte jetzt auf Hasen gehen.
   Da kommt schon einer angerannt,
   Herr Schlamm hat ihn erkannt:
   Dreimal Sapperment ...

4. Herr Schlamm nahm seine Flinte,
   die knallte los und stank.
   Schon flitzt der Hase weg,
   die Kugel hinterher.
   Doch der Hase war zu schnell,
   die Kugel fiel in 'n Dreck
   und Herr Schlamm, der schimpfte sehr:
   Dreimal Sapperment ...

5. Augustin war stolz,
   er trug die Nase hoch
   und einen Orden auch.
   Er wurde Landesmeister gar
   im großen Zickzackdauerlauf.
   Und bei der Ehrenrunde
   sangen alle Mann ganz laut:
   Seht mal, wer da rennt ...

Zwischen Berg und tiefem, tiefem Tal

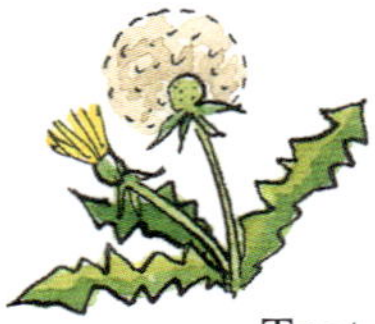

Text und Melodie: trad.

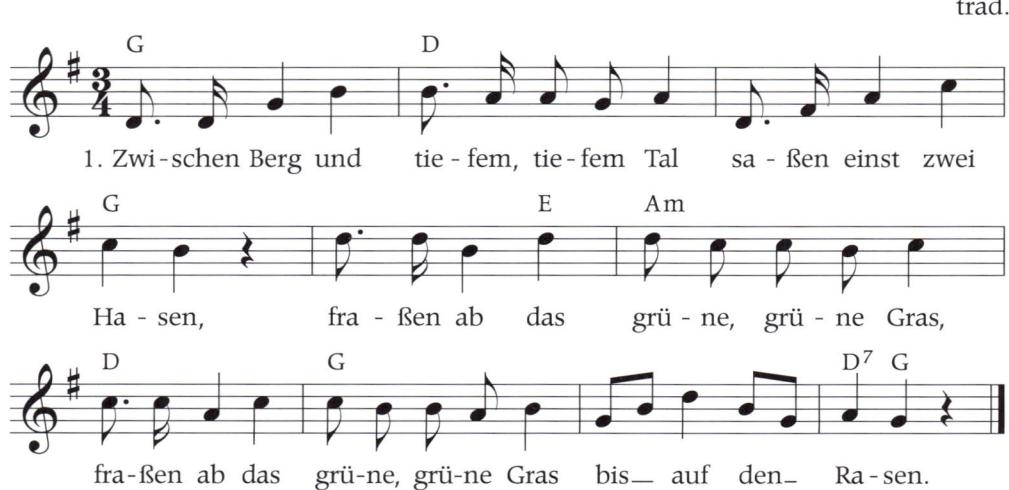

G D
1. Zwi - schen Berg und tie - fem, tie - fem Tal sa - ßen einst zwei
G E Am
Ha - sen, fra - ßen ab das grü - ne, grü - ne Gras,
D G D7 G
fra - ßen ab das grü - ne, grü - ne Gras bis auf den Ra - sen.

2. Als sie satt gefressen, ‘fressen war’n,
setzten sie sich nieder,
bis dass der Jäger, Jäger kam,
bis dass der Jäger, Jäger kam
und schoss sie nieder.

3. Als sie sich nun aufgesammelt hatt’n
und sie sich besannen,
dass sie noch am Leben, Leben war’n,
dass sie noch am Leben, Leben war’n,
liefen sie von dannen.

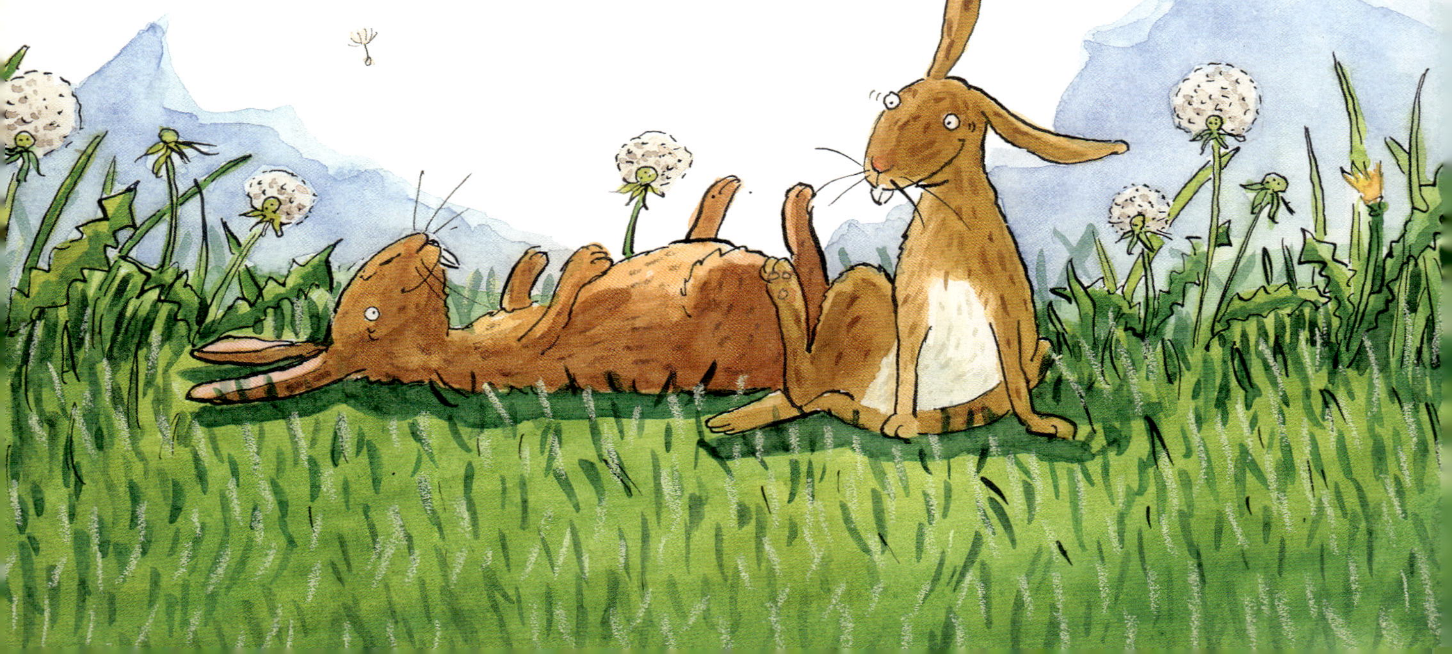

Mai

Komm, lieber Mai, und mache

Text: Christian Adolf Overbeck
Melodie: Wolfgang Amadeus Mozart

1. Komm, lie - ber Mai, und ma - che die Bäu - me wie - der

grün, und lass uns an dem Ba - che die klei - nen Veil - chen

blühn! Wie möch - ten wir___ so ger - ne ein

Veil - chen wie - der sehn, ach, lie - ber Mai, wie

ger - ne ein - mal___ spa - zie - ren gehn!

2. Doch wenn die Vöglein singen
und wir dann froh und flink
auf grünem Rasen springen,
das ist ein ander Ding!

Rosen, Tulpen, Kieselstein

Text und Melodie:
Dorothée Kreusch-Jacob

1. Ro - sen, Tul - pen, Kie - sel - stein, komm, wir wol - len Freun - de sein! Komm, wir wol - len, komm, wir wol - len, komm, wir wol - len Freun - de sein!

2. Rosen, Tulpen, Vogelnest,
   komm, wir feiern heut ein Fest.

3. Rosen, Tulpen, Löwenzahn,
   pflück ich für den Christian.

4. Rosen, Tulpen, Kirschenkern,
   Carolin, ich hab dich gern.

5. Rosen, Tulpen, Kopfsalat,
   ich mag dich von früh bis spat.

6. Rosen, Tulpen, Rettichschwanz,
   ich gehör dir gar und ganz.

7. Rosen, Tulpen, Gartenzaun,
   mit dir könnt ich Pferde klaun.

8. Rosen, Tulpen, Schneckenhaus,
   leider ist mein Lied schon aus!

Der Kuckuck und der Esel

Text: August Heinrich Hoffmann von Fallersleben
Melodie: Carl Friedrich Zelter

1. Der Ku-ckuck und der E - sel, die hat-ten ei - nen
Streit, wer— wohl am bes - ten sän - ge, wer—
wohl am bes - ten sän - ge zur schö - nen Mai - en -
zeit, zur schö - nen Mai - en - zeit.

2. Der Kuckuck sprach: »Das kann ich!«,
und hub gleich an zu schrein.
»Ich aber kann es besser!
Ich aber kann es besser!«,
fiel gleich der Esel ein,
fiel gleich der Esel ein.

3. Das klang so schön und lieblich,
so schön von fern und nah,
sie sangen alle beide,
sie sangen alle beide:
»Kuckuck, kuckuck, iah!
Kuckuck, kuckuck, iah!«

Kirschen blühn überall

Text: Barbara Beuerlein/Konrad Balder-Schäuffelen
Melodie: trad. (aus Japan)

Kir - schen blühn ü - ber - all, blühn so weit das Au - ge— reicht; auf den Hü - geln und im— Tal, in den Dör - fern, um den— See. Ist es Ne - bel? Ist es— Schnee? Kir - schen blühn ü - ber - all. Mor - gen - son - ne scheint.

Liebe, liebe Sonne

Text und Melodie:
trad. (aus Kassel)

Lie - be, lie - be Son - ne, komm ein biss - chen

run - ter, lass den Re - gen o - ben, dann

wol - len wir dich lo - ben. Ei - ner schließt den

Him - mel auf, kommt die lie - be Son - ne raus.

Juni

Trarira, der Sommer, der ist da

Text und Melodie:
trad. (aus der Pfalz)

1.–5. Tra - ri - ra, der Som - mer, der ist da! 1. Wir

wol - len in den Gar - ten und woll'n des Som - mers war - ten.

1.–5. Ja, ja, ja, der Som - mer, der ist da!

2. Trarira …
   Wir wollen zu den Hecken
   und woll'n den Sommer wecken.
   Ja, ja, ja, der Sommer, der ist da!

3. Trarira …
   Der Sommer hat gewonnen,
   der Winter hat verloren.
   Ja, ja, ja, der Sommer, der ist da!

4. Trarira …
   Der Winter liegt gefangen,
   den schlagen wir mit Stangen.
   Ja, ja, ja, der Sommer, der ist da!

5. Trarira …
   In meiner Mutter Keller
   liegt guter Muskateller.
   Ja, ja, ja, der Sommer, der ist da!

Fliege und Mücke

Text: Klaus W. Hoffmann
Melodie: trad./Klaus W. Hoffmnn

C   F   C   F   C

1. Ei - ne klei - ne   Flie - ge,   tral - la - la,   tral - la - la,

Dm   A   Dm   G

tanzt mit   ei - ner   Mü - cke,   hop - sa - sa,

Dm   C   G   C

tanzt mit   ei - ner   Mü - cke,   hop - sa - sa.

2. Weißt du, wie sie tanzen? Trallala …
   hüpfen auf der Stelle, hopsasa …

3. Hüpfen ein paar Schritte, trallala …
   vorwärts und auch rückwärts, hopsasa …

4. Drehen sich im Kreise, trallala …
   linksherum und rechtsherum, hopsasa …

5. Schlagen mit den Flügeln, trallala …
   springen wie die Frösche, hopsasa …

6. Wackeln mit den Bäuchen, trallala …
   schütteln ihre Beine, hopsasa …

7. Schwingen ihre Rüssel, trallala …
   stampfen mit den Füßen, hopsasa …

8. Wenn die beiden tanzen, trallala …
   bebt sogar die Erde, hopsasa …

Was im Sommer Spaß macht

Text: Rosemarie Künzler-Behncke
Melodie: Klaus W. Hoffmann

Refrain

C / F / G / C

Hast du schon mal nach-ge-dacht, was im Som-mer Freu-de macht?

F / G / G⁷ / C

Schau dich um, schau dich um, ü-ber-all und rund-he-rum:

C / G⁷

1. In der grü-nen Wie-se lie-gen, auf dem Was-ser

C / G⁷

Sur-fen ü-ben, ei-ne gro-ße Sand-burg

C

bau-en, in die wei-ßen Wol-ken schau-en.

Refrain

C / F / G⁷ / C

Weißt du was, weißt du was? Das macht im Som-mer Spaß!

F / G / C

Weißt du was, weißt du was? Das macht im Som-mer Spaß!

2. Hast du schon mal nachgedacht ...
Kirschen, Äpfel, Beeren pflücken,
warme Sonne auf dem Rücken,
warme Sonne auf dem Bauch,
spritzen mit dem Gartenschlauch.
Weißt du was ...

3. Hast du schon mal nachgedacht ...
Würstchen und Kartoffeln grillen,
Federball und Fußball spielen,
Himbeereis mit Sahne schlecken,
Kopfsprung in das Wasserbecken.
Weißt du was ...

4. Hast du schon mal nachgedacht ...
Ferien auf dem Land erleben,
Schweinen morgens Futter geben,
Traktor fahren, Pony reiten,
Kühe auf die Weide treiben.
Weißt du was ...

Ferien auf dem Bauernhof

Text und Melodie:
Klaus Neuhaus

1. In den Fe-rien fah-ren wir auf den Bau-ern-, Bau-ern-
hof,— zwan-zig Hüh-ner, Zie-gen, Pfer-de und ein Schwein.—
Sind die We-ge auch mal mat-schig und nicht im-mer as-phal-
tiert,— da-für pa-cken wir die Gum-mi-stie-fel ein.———

2. Um acht Uhr hör ich den Wecker,
   seh Frau Hammel auf dem Trecker.
   Wenn ich Glück hab, nimmt sie mich ein Stückchen mit.
   Sie will früh im Weinberg sein,
   schneidet Reben für den Wein,
   dann lauf ich zurück zum Hof: Das hält mich fit.

   Gesprochen: Das hält mich fit.

3. Helfe ich beim Äpfelpflücken,
   muss ich mich ein bisschen bücken,
   tut der Rücken auch danach noch etwas weh:
   Dafür gibt es heute Mittag leckre Apfelpfannekuchen,
   und ich hab schon Appetit, wenn ich sie seh.

   Gesprochen: Und riech.

4. Heute Nachmittag gehn wir in den Weinbergen spazieren,
   doch um sechs muss ich zurück und pünktlich sein,
   denn dann wartet schon Frau Hammel,
   und sie füttert dann mit mir,
   alle Hühner, Ziegen, Pferde und das Schwein.

   Gesprochen: Und auch das Schwein.

5. Noch drei Tage sind wir hier,
   und Frau Hammel sagt zu mir:
   »Mit dem Wetter habt ihr dieses Jahr viel Glück.«
   »Ja, das stimmt, doch ganz egal,
   ob es regnet oder stürmt,
   im nächsten Jahr, da kommen wir bestimmt zurück.«

   Gesprochen: Ganz bestimmt.

Sommerzeit – Erdbeerzeit

Text und Melodie:
Klaus W. Hoffmann

1. Som-mer-zeit – Erd-beer-zeit! Rei-fe Erd-beer'n weit und breit!

Rot sind ih-re sü-ßen Früch-te, leuch-ten hell im Son-nen-lich-te.

Som-mer-zeit – Erd-beer-zeit! Rei-fe Erd-beer'n weit und breit!

2. Sommerzeit – Erdbeerzeit!
   Reife Erdbeer'n weit und breit!
   Kannst sie auf den Feldern pflücken,
   musst dich nur nach ihnen bücken.
   Sommerzeit – Erdbeerzeit!
   Reife Erdbeer'n weit und breit!

3. Sommerzeit – Erdbeerzeit!
   Reife Erdbeer'n weit und breit!
   Lass sie dir als Kuchen schmecken,
   kannst sie auch als Eiscreme schlecken.
   Sommerzeit – Erdbeerzeit!
   Reife Erdbeer'n weit und breit!

4. Sommerzeit – Erdbeerzeit!
   Reife Erdbeer'n weit und breit!
   Magst du sie als Schokolade,
   Bonbons oder Marmelade?
   Sommerzeit – Erdbeerzeit!
   Reife Erdbeer'n weit und breit!

Juli

Summm, summm, summm …

Text und Melodie:
trad.

G   D   G   D   G

1.–3. Summ, summ,   summ!   Bien-chen, summ he - rum!

G   D

1. Ei,   wir   tun   dir   nichts   zu - lei - de,
   flieg nur   aus   in   Wald   und   Hei - de!

G   D   Em   D⁷   G

1.–3. Summ, summ,   summ!   Bien-chen, summ he - rum!

2. Summ, summ, summ …
   Such in Blumen, such in Blümchen
   dir ein Tröpfchen, dir ein Krümchen!

3. Summ, summ, summ …
   Kehre heim mit reicher Habe,
   bau uns manche volle Wabe!

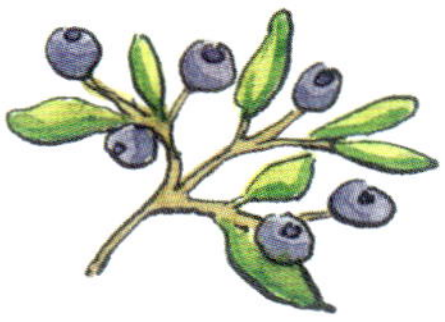

Heidelbeeren stehn in unserm Garten

Text: trad.
Melodie: Klaus Neuhaus

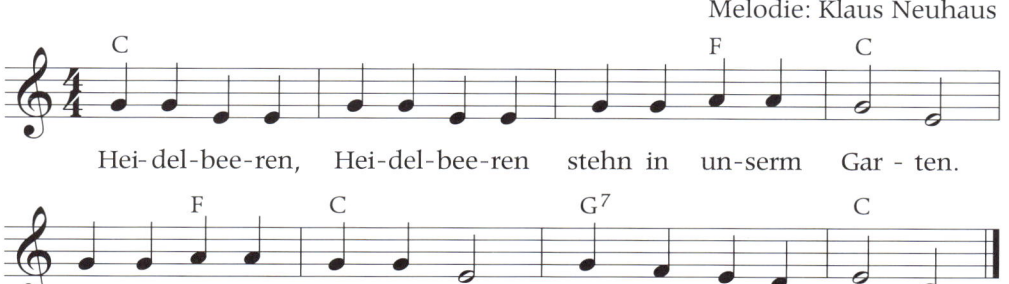

C F C
Hei-del-bee-ren, Hei-del-bee-ren stehn in un-serm Gar - ten.
F C G7 C
Mut-ter, gib mir auch ein paar, kann nicht län-ger war - ten.

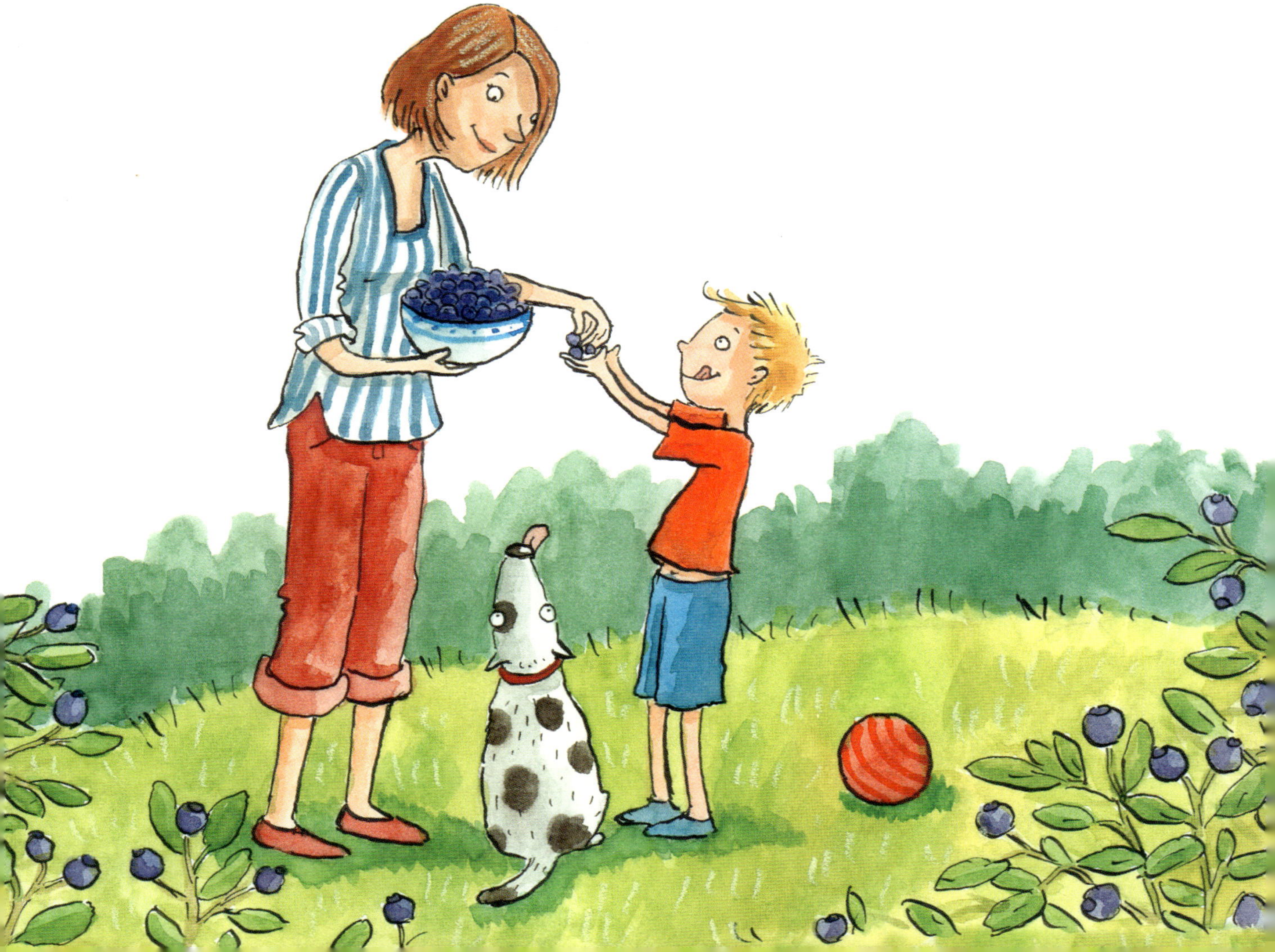

Paule Puhmanns Paddelboot

Text und Melodie:
Fredrik Vahle

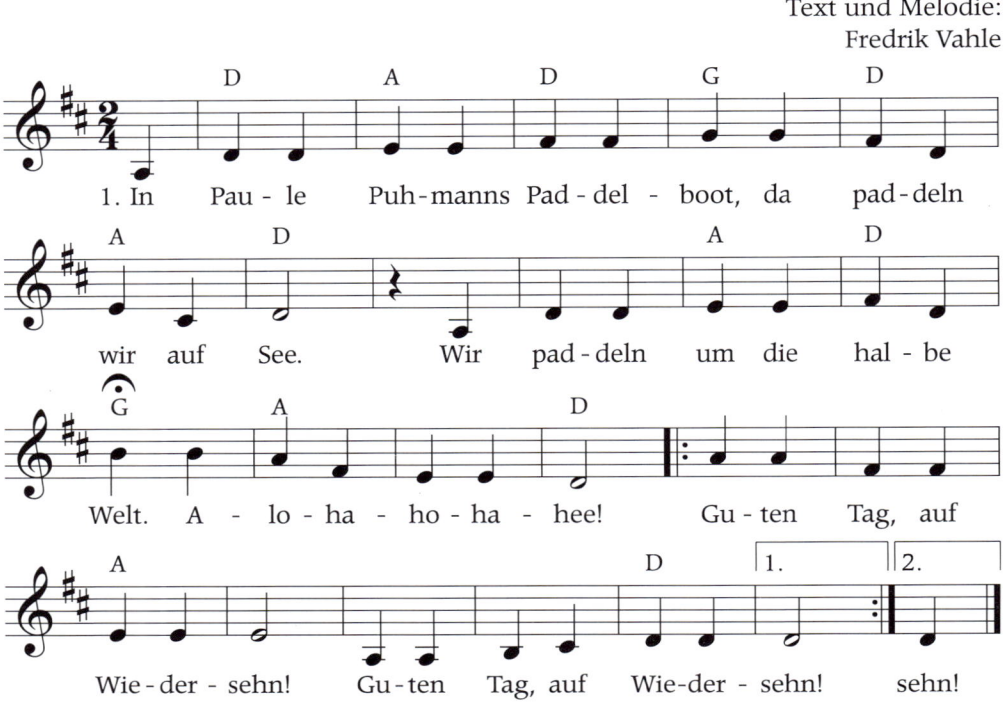

1. In Pau - le Puh-manns Pad - del - boot, da pad-deln
wir auf See. Wir pad-deln um die hal - be
Welt. A - lo - ha - ho - ha - hee! Gu - ten Tag, auf
Wie - der - sehn! Gu - ten Tag, auf Wie-der - sehn! sehn!

2. In Portugal, da winkte uns
die Anabela zu.
Die fragte: »Darf ich mit euch mit?«
»Na klar, was denkst denn du!«
Bom dia, adeus!
Guten Tag, auf Wiedersehn!
Bom dia, adeus!
Guten Tag, auf Wiedersehn!

3. In Spanien war es furchtbar heiß,
da stieg der Pedro zu.
Der brachte Apfelsinen mit,
die aßen wir im Nu.
Buenos días, hasta la vista!
Guten Tag, auf Wiedersehn!
Buenos días, hasta la vista!
Guten Tag, auf Wiedersehn!

4. Und in Italien war'n wir auch,
da kam die Marinella.
Die brachte Tintenfische mit
auf einem großen Teller.
Buon giorno, arrivederci!
Guten Tag, auf Wiedersehn!
Buon giorno, arrivederci!
Guten Tag, auf Wiedersehn!

5. Als wir in Jugoslawien war'n,
kam einer angeschwommen,
und der hieß Janko Jezovsek.
Wir ham ihn mitgenommen.
Dobar dan, dovi dschenja!
Guten Tag, auf Wiedersehn!
Dobar dan, dovi dschenja!
Guten Tag, auf Wiedersehn!

6. Und rund um den Olivenbaum,
da tanzten wir im Sand.
Wir nahmen den Wasili mit,
das war in Griechenland.
Kalimera, jassu, jassu!
Guten Tag, auf Wiedersehn!
Kalimera, jassu, jassu!
Guten Tag, auf Wiedersehn!

7. Dann fuhr'n wir weiter übers Meer
bis hin in die Türkei.
Von da an war'n auch Ahmet und
die Ayse mit dabei.
Merhaba, güle, güle!
Guten Tag, auf Wiedersehn!
Merhaba, güle, güle!
Guten Tag, auf Wiedersehn!

8. Und als wir dann nach Hamburg kam'n,
stand Paule Puhmann da
und rief: »Verflixt und zugenäht!
Mein Paddelboot ist da!«
Guten Tag, auf Wiedersehn!
Bom dia, adeus!
Buenos días, hasta la vista!
Buon giorno, arrivederci!
Dobar dan, dovi dschenja!
Kalimera, jassu, jassu!
Merhaba, güle, güle …

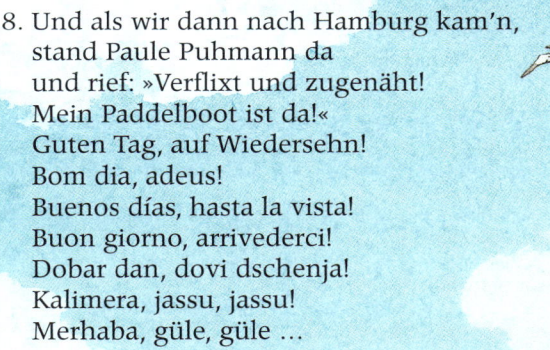

Sängerfest im Wald

Text: Klaus W. Hoffmann
Melodie: trad. (aus Italien)

1. Heut treffen sich die Vögel zum Sängerfest im Wald. Da zwitschert, pfeift und gurrt es, ihr Chorgesang erschallt. Cu-cu, cu-cu, das Kuckckslied erklingt, cu-cu, cu-cu, so fröhlich und beschwingt.

2. Heut treffen sich die Vögel zum Sängerfest im Wald.
   Da zwitschert, pfeift und gurrt es, ihr Chorgesang erschallt.
   Ziwi, ziwi, so klingt das Amsellied,
   ziwi, ziwi, und alle singen mit.

3. Heut treffen sich die Vögel ....
   Krahkrah, krahkrah, die Rabenmelodie,
   krahkrah, krahkrah, klingt wild und rau wie nie.

4. Heut treffen sich die Vögel ...
   Tschiktschi, tschiktschi, so singt ein Schwalbenpaar,
   tschiktschi, tschiktschi, das zwitschert wunderbar.

5. Heut treffen sich die Vögel ...
   Cucu, cucu, krahkrah, ziwi, ziwi,
   krahkrah, cucu, ziwi, tschiktschi, tschiktschi.

Ringel, Rangel, Rosen

Text: trad.
Melodie: Klaus Neuhaus

```
     C        F          C              G⁷              C
  Rin- gel,  Ran-gel,   Ro - sen,    schö-ne Ap-ri - ko - sen,

     G                   C              G⁷              C
  Veil-chen blau, Ver - giss-mein-nicht,   al - le Kin-der   set-zen sich.
```

August

Das Monster macht Urlaub

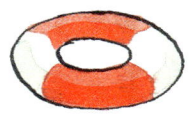

Text und Melodie:
Klaus Neuhaus

1. Das Mons - ter macht Ur - laub und packt die Ba - de -
ho - se ein. Es fährt bis zur Nord - see und springt ins
Was - ser rein. *Refrain:* Mons - ter - lein, Mons - ter - lein,
pack' die Ba - de - ho - se ein. ho - se ein.

2. Das Monster geht tauchen,
   es schnie - schna - schnorchelt ohne Ruh!
   es findet im Wasser
   nur einen alten Schuh.
   Refrain

3. Es strampelt nach oben
   und sieht ein wildes Meerestier.
   Schnell krault es durchs Wasser
   und ruft: Das fang ich mir!
   Refrain

4. Das Monster schwimmt prima
   und holt das Ungeheuer ein.
   Das guckt ganz gefährlich
   und grinst noch obendrein.
   Refrain

5. Das Monster wird stutzig,
   sein Ungeheuer spricht kein Wort.
   Es ist nur ein Schlauchboot,
   das treibt ganz langsam fort.
   Refrain

Pack die Badehose ein

Text: Hans Bradtke
Melodie: Gerhard Froboess

C   G°   Dm⁷   G⁷

1. Wenn man in der Schu - le sitzt, ü - ber sei - nen

C⁶   C   C°   G⁷

Bü - chern schwitzt, und es lacht der Son - nen - schein, dann

G⁷   C⁶   C   G°   Dm⁷

möcht' man drau - ßen sein. Ist die Schu - le end - lich aus,

G⁷   C⁶   C   C°

geh'n die Kin - der froh nach Haus', und der klei - ne

G   Am⁷   D⁷   G   *Refrain*

Klaus ruft dem Häns - chen hin - ter - her: Pack die

G⁷   C

Ba - de - ho - se ein, nimm dein klei - nes Schwes - ter - lein, und dann

G⁷   C⁶   G

nischt wie raus zum Wann - see! Ja, wir ra - deln wie der

C   G

Wind durch den Gru - ne - wald ge - schwind, und dann sind wir

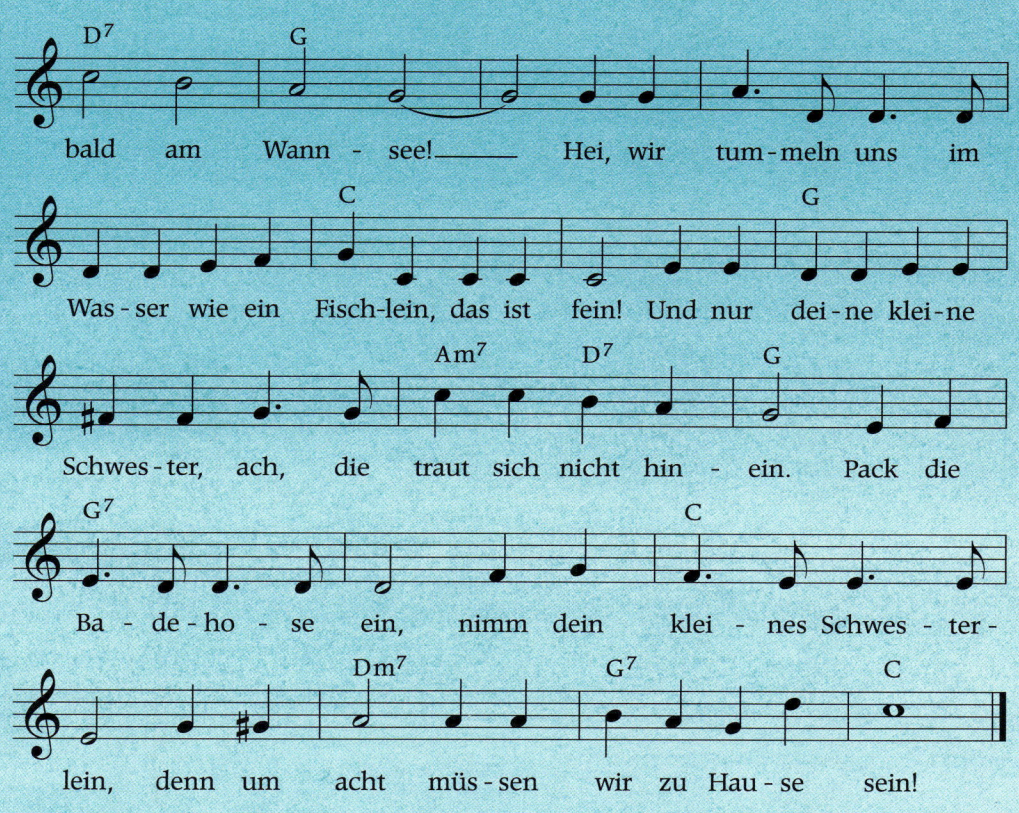

D7 G
bald am Wann - see! Hei, wir tum-meln uns im
C G
Was-ser wie ein Fisch-lein, das ist fein! Und nur dei-ne klei-ne
Am7 D7 G
Schwes-ter, ach, die traut sich nicht hin - ein. Pack die
G7 C
Ba - de-ho - se ein, nimm dein klei - nes Schwes - ter-
Dm7 G7 C
lein, denn um acht müs-sen wir zu Hau-se sein!

2. Woll'n wir heut' ins Kino geh'n
und uns mal Tom Mix anseh'n?
Fragte mich der kleine Fritz,
ich sprach: Du machst 'nen Witz!
Schau dir mal den Himmel an,
blau so weit man sehen kann,
ich fahr' raus zum Wannsee
und pfeife auf Tom Mix.
Refrain

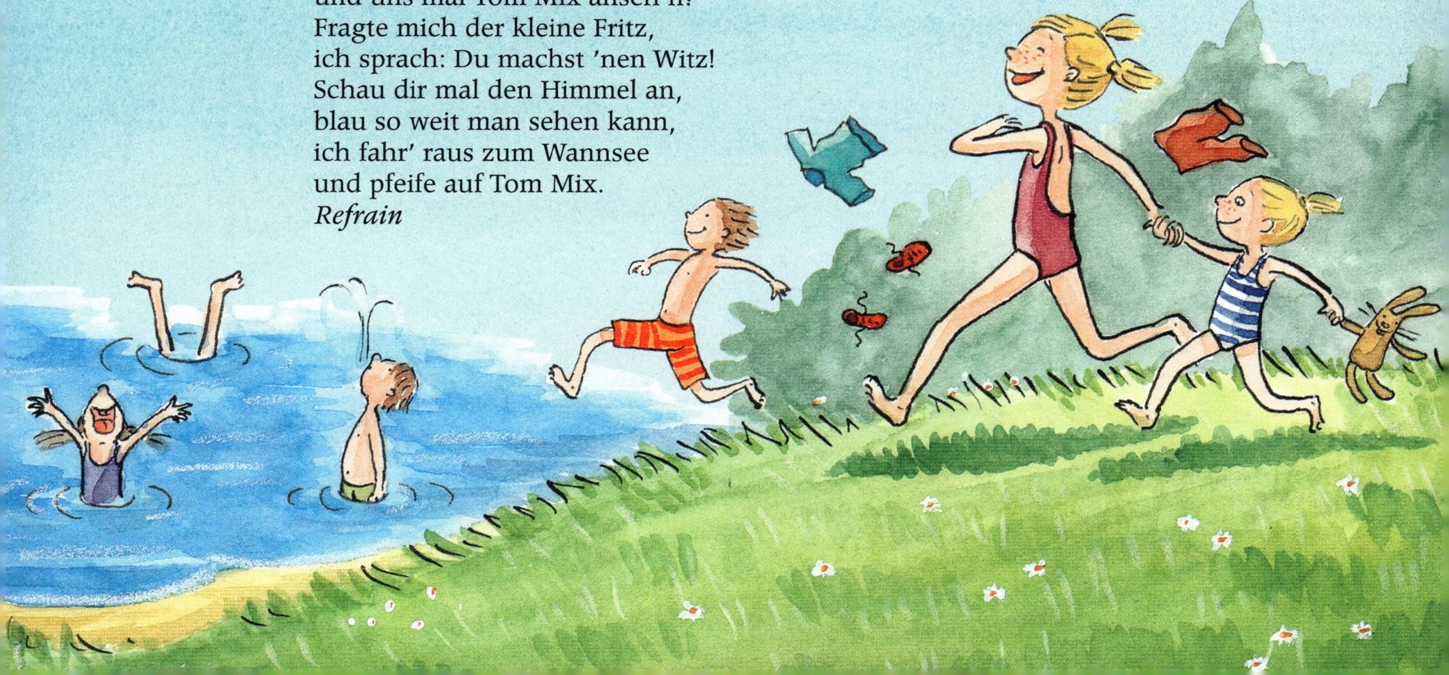

Wir werden immer größer

Text: Volker Ludwig
Melodie: Birger Heymann

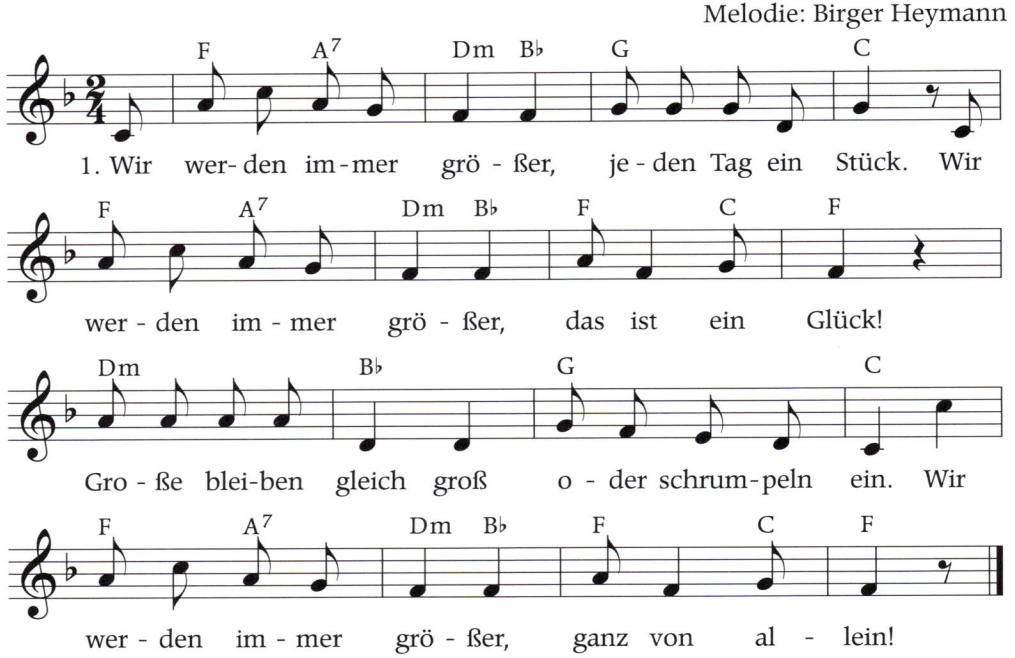

1. Wir werden immer größer, jeden Tag ein Stück. Wir
werden immer größer, das ist ein Glück!
Große bleiben gleich groß oder schrumpeln ein. Wir
werden immer größer, ganz von allein!

2. Wir werden immer größer,
das merkt jedes Schaf.
Wir werden immer größer,
sogar im Schlaf.
Ganz egal, ob's regnet,
donnert oder schneit:
Wir werden immer größer
und auch gescheit.

3. Wir werden immer größer,
darin sind wir stur.
Wir werden immer größer
in einer Tour.
Auch wenn man uns einsperrt
oder uns verdrischt:
Wir werden immer größer,
da hilft alles nichts.

Die Spinne

Text und Melodie:
Klaus W. Hoffmann

Ei - ne klei - ne Spin - ne klet - tert un - term Ast,

zieht ganz fei - ne Fä - den, wie es ihr grad passt.

Dann kommt der Re - gen, reißt ihr Netz ent - zwei.

Scheint wie - der die Son - ne, knüpft sie es aufs Neu.

Der betrunkne Seemann

Text: Klaus Neuhaus
Melodie: trad. (aus England)

1. Wo bleibt denn nur der be-trunk-ne See-mann,
wo bleibt denn nur der be-trunk-ne See-mann,
wo bleibt denn nur der be-trunk-ne See-mann,
schläft er früh am Mor-gen? 1.–4. Hur-ray und
hoch die Se-gel, hur-ray und hoch die Se-gel,
hur-ray und hoch die Se-gel schon am frü-hen Mor-gen.

2. Wir wecken ihn mit 'nem lauten Pfeifen,
wir wecken ihn mit 'nem lauten Pfeifen,
wir wecken ihn mit 'nem lauten Pfeifen
schon am frühen Morgen.
Refrain

3. Wir wecken ihn mit der Schiffssirene,
wir wecken ihn mit der Schiffssirene,
wir wecken ihn mit der Schiffssirene
schon am frühen Morgen.
Refrain

4. Wir wecken ihn mit 'nem Eimer Wasser,
wir wecken ihn mit 'nem Eimer Wasser,
wir wecken ihn mit 'nem Eimer Wasser
schon am frühen Morgen.
Refrain

September

Der Herbst ist da

Text und Melodie:
Hans R. Franzke

1. Der Herbst, der Herbst, der Herbst ist da! Er
bringt uns Wind, hei hus-sas-sa!
Schüt-telt ab die Blät-ter, bringt uns Re-gen-wet-ter.
Hei-a hus-sas-sa, der Herbst ist da!

2. Der Herbst, der Herbst, der Herbst ist da!
Er bringt uns Obst, hei hussasa!
Macht die Blätter bunter, wirft die Äpfel runter.
Heia hussassa, der Herbst ist da!

3. Der Herbst, der Herbst, der Herbst ist da!
Er bringt uns Wein, hei hussasa!
Nüsse auf den Teller, Birnen in den Keller.
Heia hussassa, der Herbst ist da!

4. Der Herbst, der Herbst, der Herbst ist da!
Er bringt uns Spaß, hei hussasa!
Rüttelt an den Zweigen, lässt die Drachen steigen.
Heia hussassa, der Herbst ist da!

Hejo, spann den Wagen an

Kanon mit drei Einsätzen

Text und Melodie:
trad.

① Gm   F   Gm   D

He - jo,   spann den Wa - gen an,

② Gm   F   Gm   D

sieh,   der   Wind   treibt   Re - gen   ü - bers Land!

③ Gm   F   Gm   D

Hol die gold-nen Gar - ben,   hol die gold-nen Gar - ben!—

Die Rübe

Text und Melodie:
Fredrik Vahle

1. In 'ner E - cke vom Gar - ten hat der Pau - le sein Beet
und da hat er sich die - ses Jahr Rü - ben ge - sät.

Und da, wo sonst Boh - nen die Stan - gen hoch-klet-tern, wächst

jetzt ei - ne Rü - be mit rie - si - gen Blät - tern.

2. Paul staunt und er sagt sich: Ei, wenn ich nur wüsst',
wie groß und wie schwer diese Rübe wohl ist.
Schon krempelt er eilig die Ärmel hoch,
packt die Rübe beim Schopf und zog und zog.

3. Doch die Rübe, die rührt sich kein bisschen vom Fleck,
Paul zieht und Paul schwitzt, doch er kriegt sie nicht weg.
Da ruft der Paul seinen Freund, den Fritz,
und der kommt auch gleich um die Ecke geflitzt.

Refrain:
Hau ruck, zieht der Paul, und hau ruck!, zieht der Fritz.
Alle Mann nix wie ran, ganz egal, ob man schwitzt.
Die Rübe ist dick und die Rübe ist schwer,
wenn die dicke fette Rübe doch schon rausgezogen wär'!

4. Jetzt ziehn sie zu zweit mit Hallo und Hauruck,
doch die Rübe bleibt drin, sie bewegt sich kein Stück.
Und Fritz, der läuft los, holt vom Nachbarn den Klaus,
zu dritt kommt die Rübe ganz sicher heraus.

5. Herrje, was ne Rübe, ja, da staunt auch der Klaus.
   Jetzt ziehn wir ganz fest und dann kommt sie schon raus.
   Doch die Rübe, die saß drin, und da sagte der Klaus:
   Ich hol meine Schwester, die ist grad zu Haus.
   Refrain

6. Jetzt ziehn sie zu viert, doch die Rübe bleibt drin.
   Der Fritz meint schon traurig: 's hat doch keinen Sinn.
   Ganz plötzlich ruft Paul: Hier, ich hab 'ne Idee,
   wie wär's, wenn wir mal zum Antonio gehen?

7. Doch da meint der Klaus: So was hilft uns nicht weiter.
   Das sind doch alles Kinder von so Gastarbeitern.
   Mein Vater sagt immer, die verschwänden viel besser.
   Und außerdem sind das Spaghettifresser!

8. Das ärgert den Paul, was der Klaus da so spricht.
   Der Antonio ist kräftig, und dumm ist er nicht.
   Und außerdem, Klaus, hast du eins wohl vergessen,
   du hast dich an Spaghetti neulich fast überfressen.

9. Wir brauchen Antonio und auch seine Brüder.
   Klaus' Schwester versteht's und sie läuft schnell hinüber,
   hat alle geholt und gemeinsam ging's ran.
   Alle Kinder zusammen, die packen jetzt an.
   Refrain

10. Den Antonio zieht der Carlo mit Hallo und Hauruck!
    Und siehe da, die dicke Rübe, sie bewegt sich ein Stück.
    Und jetzt noch mal hau ruck!, und die Erde bricht auf,
    die Rübe kommt raus und liegt obendrauf.

11. Die Kinder, die purzeln jetzt alle durcheinander,
    doch freut sich ein jeder nun über den andern.
    Die sehn, wenn man so was gemeinsam anpackt,
    wird die allerdickste Rübe aus der Erde geschafft.

Karti-Karta-Kartoffel

Text: mündl. überliefert/Klaus Neuhaus
Melodie: trad. (aus Italien)

Kar - ti-Kar-ta-Kar - tof-fel! Ja, wer Kar-tof-feln hat, der

isst sich an Kar - tof-feln so rich-tig rund und satt.

1. Sie kommen aus der Erde
und werden hierzuland,
weil sie im Boden reifen,
auch Erdäpfel genannt.
Refrain

2. Du machst dir aus Kartoffeln
den köstlichsten Salat,
und du isst sie am liebsten
mit Rührei und Spinat.
Refrain

3. Du isst gern Bratkartoffeln,
du magst Pommes frites zuhauf,
und du Kartoffelkuchen
mit ganz dick Butter drauf.
Refrain

4. Als einst vor vielen Jahren
Amerika entdeckt,
da haben Indianern
Kartoffeln schon geschmeckt.
Refrain

5. Gibt's heut bei uns Kartoffeln,
dann hau'n wir kräftig rein
und woll'n den Indianern
von Herzen dankbar sein.
Refrain

Ein Männlein steht im Walde

Text: August Heinrich Hoffmann von Fallersleben
Melodie: trad.

1. Ein Männ- lein steht im Wal - de ganz still und stumm,
es hat von lau - ter Pur - pur ein Mänt-lein um.

Sagt, wer mag das Männ - lein sein,
das da steht im Wald al - lein

1. mit dem pur - pur - ro - ten Män - te - lein?

2. Das Männlein steht im Walde auf einem Bein,
es hat auf seinem Haupte schwarz Käpplein klein.
Sagt, wer mag das Männlein sein,
das da steht im Wald allein
mit dem kleinen schwarzen Käppelein?

Oktober

Dracula-Rock

Text und Melodie:
Fredrik Vahle

Einleitung
D

Wer hat Angst vor Dra - cu - la? Wer hat Angst vor

A *Strophe*

Dra - cu - la, wenn er er-wacht um Mit - ter-nacht? 1. Die

D

Uhr schlägt zwölf. Was ist denn das? Ver - flixt noch mal, da

G

rührt sich was. Da klap-pert ein Ge - biss, wie toll! Herr

D *Refrain* A

Dra-cu - la tanzt Rock 'n' Roll. Bei Nacht, bei Nacht, bei

G D A⁷ D

Nacht, bei Nacht, im Schi-Scha-Schu-bi-dupp Mon-den-schein!

2. Er hat die Ringelsocken an
und tanzt so schaurig-schön, der Mann.
Die Fledermäuse wundern sich.
So kennen sie ihr Herrchen nicht.
Bei Nacht ...

3. Nur einmal ist er so geschafft,
er trinkt statt Blut nur Traubensaft.
Dann springt er wieder auf wie toll.
Wer ist der King beim Rock 'n' Roll?
Herr Dracula, Herr Dracula
im Schi... Scha... Schubidupp
Mondenschein.

4. Und vor dem ersten Morgenrot
isst Dracula sein Blutwurstbrot.
Da staunt der Friedhofswärter sehr.
Wo kommt denn nur das Schmatzen her?
Bei Nacht ...

5. Doch da bricht schon der Morgen an,
was Dracula nicht leiden kann.
Er macht den letzten Überschlag
in seinen alten Eichensarg.
Bei Nacht ...

Blätter

Text: Rosemarie Künzler-Behncke
Melodie: Klaus W. Hoffmann

1. Das ers - te Blatt ist gelb, das zwei - te Blatt ist
das drit - te Blatt ist braun, sie lie - gen un - term

rot, Baum. Da kommt ein Wind, lässt sie

tan - zen ge - schwind, gelb, rot und braun um den

Baum. Da kommt ein Wind, lässt sie tan - zen ge -

schwind, gelb, rot und braun um den Baum.

2. Das vierte Blatt ist gelb,
das fünfte Blatt ist rot,
das sechste Blatt ist braun,
sie liegen unterm Baum.
Refrain

3. Das siebte Blatt ist gelb,
das achte Blatt ist rot,
das neunte Blatt ist braun,
sie liegen unterm Baum.
Refrain

Nüsse schütteln

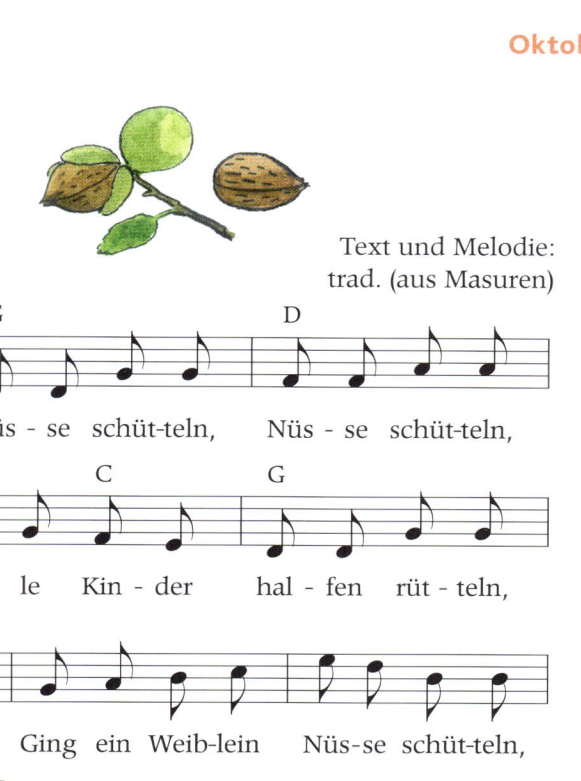

Text und Melodie:
trad. (aus Masuren)

1. Ging ein Weib-lein   Nüs - se schüt-teln,   Nüs - se schüt-teln,

Nüs - se schüt-teln,   al - le Kin - der   hal - fen rüt - teln,

hal-fen rüt-teln, rums!   Ging ein Weib-lein   Nüs-se schüt-teln,

Nüs - se schüt-teln,   Nüs - se schüt-teln,   al - le Kin - der

hal - fen rüt - teln,   hal - fen rüt - teln,   rums!

2. Ging ein Weiblein Himbeern pflücken,
   Himbeern pflücken, Himbeern pflücken,
   riss dabei den Rock in Stücken,
   Rock in Stücken, rums!
   …

3. Hat nicht nur den Rock zerrissen,
   Rock zerrissen, Rock zerrissen,
   wird die Schuh auch flicken müssen,
   flicken müssen, rums!
   …

In einem kleinen Apfel

Text und Melodie:
trad. (nach einem Motiv von W. A. Mozart)

1. In — ei - nem klei - nen Ap - fel, da — sieht es lus - tig aus: Es — sind da - rin fünf Stüb - chen, grad wie in ei - nem Haus.

2. In jedem Stübchen wohnen
   zwei Kernchen, schwarz und fein,
   die liegen drin und träumen
   vom lieben Sonnenschein.

3. Sie träumen auch noch weiter
   gar einen schönen Traum,
   wie sie einst werden hängen
   am lieben Weihnachtsbaum.

Aua, sprach der Bauer

Text: trad.
Melodie: Klaus Neuhaus

Au - a, sprach der Bau - er, die Äp - fel sind sau - er. Die

Bir - nen sind süß. Mor - gen gibt's Ge - müs'.

November

Es regnet seinen Lauf

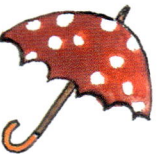

Text und Melodie:
trad.

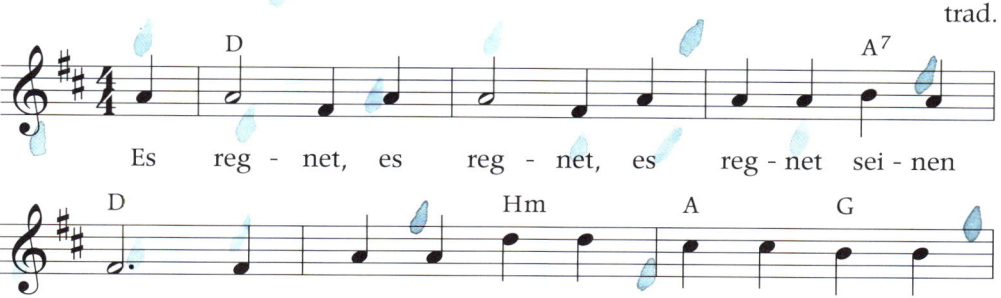

D A7
Es reg - net, es reg - net, es reg - net sei - nen
D Hm A G
Lauf, und wenn's ge - nug ge - reg - net hat, dann
D/A A7 D
hört es wie - der auf.

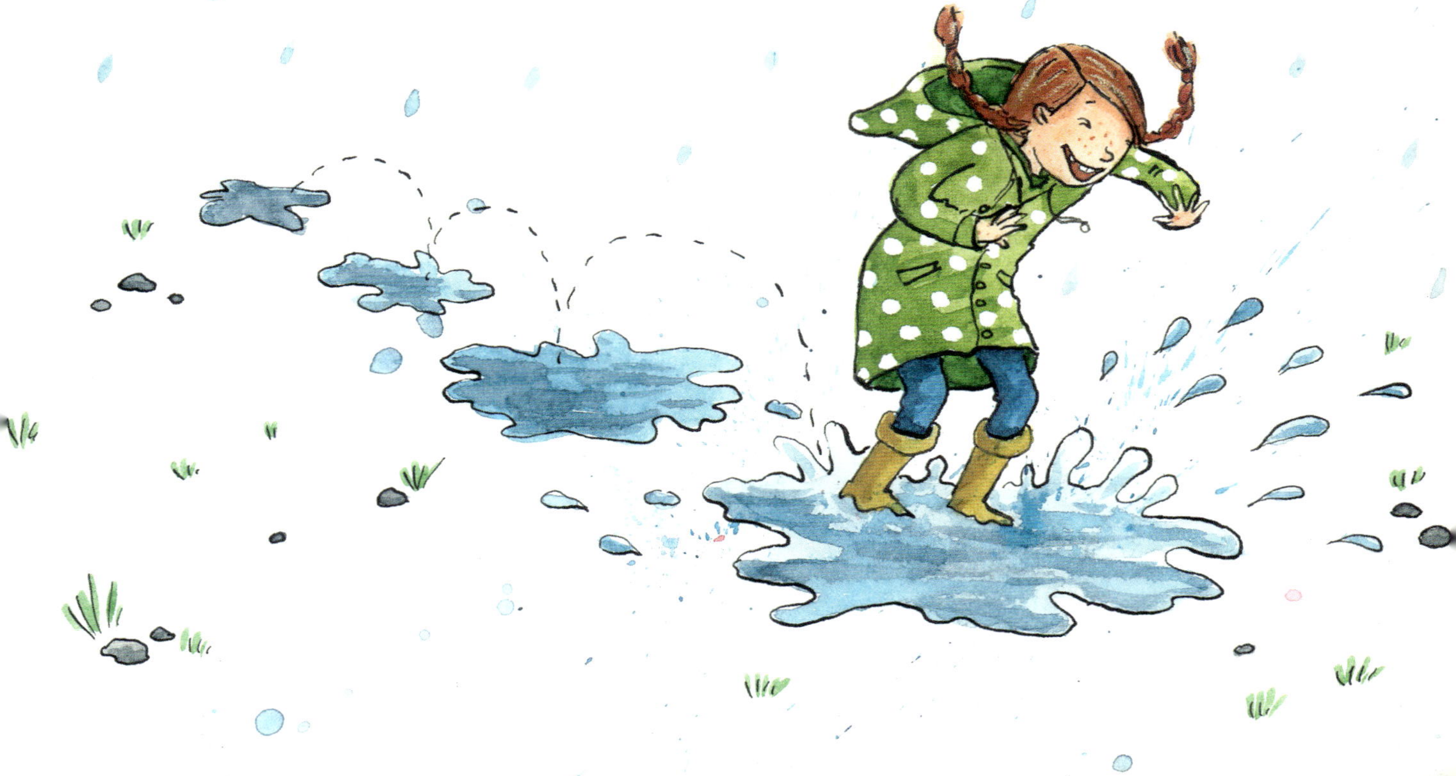

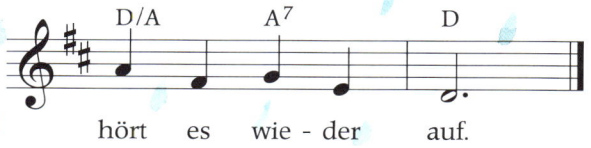

Kommt, wir wolln Laterne laufen

Text und Melodie:
Rolf Zuckowski

C   G   Am

Som-mer-kin-der   fan-gen Son-nen - strah-len   und

F   C   G⁷/⁴   G

hü - ten sie wie ih - ren größ-ten   Schatz,   doch

F   G/F   C   G/H   A

wenn die Ta - ge kür-zer wer-den,   ist es bald so weit,

Dm   Dmj⁷   Dm⁷   Dm⁶   Dmj⁷   Dm⁷

dann brin-gen sie uns Licht uns Wär-me   in die Dun-kel-

(a tempo ♩ = ca. 120)

B♭   G/H   C   C⁷

heit.   *(Instrumental)*

F

1. Kommt, wir wolln La - ter-ne lau-fen, zün-det Eu - re
2. Kommt, wir wolln La - ter-ne lau-fen, das ist uns-'re

B♭   F

G⁷   C   F

Ker - zen an!   Kommt, wir wolln La - ter-ne lau-fen,
schöns-te Zeit.   Kommt, wir wolln La - ter-ne lau-fen,

B♭   C   1. F   C   2. F   B♭ C

Kind und Frau und Mann.   reit.
al - le sind be-

Refrain

1. (Hell wie Mond und Ster - ne)

F   B♭   C⁷

1. Hell wie Mond und Ster - ne, leuch - tet die La -
2. Je - der soll uns hö - ren, kann sich gern be -

(leuch - tet die La - ter - ne) (bis in wei - te

F   C   Dm   Gm

ter - ne, bis in wei - te Fer - ne,
schwe - ren: Die - se fre - chen Gö - ren,

Fer - ne)   C⁷   1. F B♭ C   2. F B♭ F   (al - ler - hand.)

ü - ber's gan - ze Land.   hand!   *(Instrumental)*
das ist al - ler -

1.× D.S. con rep.

2.× D.S. con rep. al ✪ - ✪

F   C⁷   (al - ler - hand.) F

Das ist al - ler - hand!

3. Kommt, wir wolln Laterne laufen,
heute bleibt das Fernsehn aus.
Kommt, wir wolln Laterne laufen,
keiner bleibt zu Haus.

4. Kommt, wir wolln Laterne laufen,
nein, wir fürchten nicht die Nacht.
Kommt, wir wolln Laterne laufen,
das wär doch gelacht.
Hell wie der Mond und Sterne ...
Jeder soll uns hören ...

5. Kommt, wir wolln Laterne laufen,
bis das letzte Licht verglüht.
Kommt, wir wolln Laterne laufen,
singt mit uns das Lied:
Hell wie der Mond und Sterne ...
Jeder soll uns hören ...

Sankt Martin

Text und Melodie:
trad. (vom Niederrhein)

F · · · B♭

1. Sankt Mar - tin, Sankt Mar - tin, Sankt Mar-tin ritt durch

F · C⁷ · F

Schnee und— Wind, sein Ross, das trug ihn fort ge - schwind. Sankt

Dm · C⁷

Mar - tin ritt mit— leich - tem Mut, sein—

F · C⁷ · F

Man - tel deckt' ihn warm und gut.

2. Im Schnee saß, im Schnee saß,
im Schnee, da saß ein armer Mann,
hatt' Kleider nicht, hatt' Lumpen an.
»O helft mir doch in meiner Not,
sonst ist der bittere Frost mein Tod!«

3. Sankt Martin, Sankt Martin,
Sankt Martin zieht die Zügel an,
das Ross steht still beim armen Mann.
Sankt Martin mit dem Schwerte teilt
den warmen Mantel unverweilt.

4. Sankt Martin, Sankt Martin,
Sankt Martin gibt den halben still,
der Bettler rasch ihm danken will.
Sankt Martin aber ritt in Eil
hinweg mit seinem Mantelteil.

Wind, Wind, blase

Text: Bernd Kohlhepp
Melodie: Jürgen Treyz

1. Wind, Wind, bla - se, mach mir 'ne kal - te

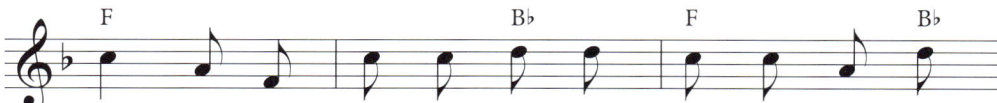

Na - se, mach mir ein kal - tes Ba - cken - paar, denn

so was find ich wun - der - bar.

2. Wind, Wind, wehe,
   mach mir 'ne kalte Zehe,
   Kälte macht mir gar nichts aus,
   ich wärme mich ja gleich zu Haus.

3. Wind, Wind, brause,
   jetzt geh ich doch nach Hause,
   ich setz mich auf die Ofenbank,
   die wärmt mich wieder. Gott sei Dank!

Dezember

Lieber, guter Nikolaus

Text: trad./Klaus Neuhaus
Melodie: trad.

1. Lie-ber, gu-ter Ni-ko-laus, hö - re doch, wir ma-chen dir Mu -
Lie-ber, gu-ter Ni-ko-laus, hö - re doch, wir spie-len dir ein

sik. Stück. Klin - ge - ling, klin - ge - ling, klin - ge -

ling - ling - ling, klin-ge - ling, klin-ge-ling, klin-ge - ling.

2. Lieber, guter Nikolaus, höre doch, wir machen dir Musik.
Lieber, guter Nikolaus, höre doch, wir flöten dir ein Stück.
Dü-dü-dü …

3. Lieber, guter Nikolaus, höre doch, wir machen dir Musik.
Lieber, guter Nikolaus, höre doch, wir geigen dir ein Stück.
Fiedel-di, Fiedel-da, Fiedel-dum-dum-dum …

4. Lieber, guter Nikolaus, höre doch, wir machen dir Musik.
Lieber, guter Nikolaus, höre doch, wir trommeln dir ein Stück.
Tam-tam-tam …

5. Lieber, guter Nikolaus, höre doch, wir machen dir Musik.
Lieber, guter Nikolaus, höre doch, wir trompeten dir ein Stück.
Tä-te-rä …

Feliz Navidad (Ein frohes Fest)

Text und Melodie: José Feliciano
Deutscher Text: Klaus Neuhaus

Ein fro - hes— Fest,— ein fro - hes— Fest.—
Fe - liz Na - vi - dad,— fe - liz Na - vi - dad.—

— Ein fro - hes— Fest. Er - folg und Glück für dich im neu - en Jahr,
— Fe - liz Na - vi - dad. Pro - spe - ro a - ño y fe - li - ci - dad.

1. G   2. G

— im— neu - en Jahr. Ein fro - hes—
— fe - li - ci - dad. Fe - liz Na - vi -

Ich wün - sche dir ei - ne fro - he Weih - nacht,
I want to wish you a mer - ry Christ - mas,

wünsch' dir Ge - schen - ke, die glück - lich ma - chen.
a lots of pre - sents to make you hap - py.

Ich wün - sche dir ei - ne fro - he Weih - nacht aus der
I want to wish you a mer - ry Christ - mas from the

Tie - fe mei - nes Her - zens.— Ich wün - sche dir ei - ne
bot - tom of my heart.— I want to wish you a

Am ... **D**

fro - he   Weih-nacht   mit Mis - tel - zwei - gen und
mer - ry   Christ-mas,   with mis - tle - toe   and___

G

sehr   viel   Freu - de,   mit sehr viel La - chen   wohl
lots   of   cheer,___   with lots of laugh - ter trough -

C ... **D** ... **G** 3 ... D. C. al ⊙ – ⊙

ü - bers Jahr aus der   Tie - fe mei - nes Her - zens.
out   the   years from the bot-tom of my   heart.___

⊙ *Schluss*

G **C** **G**

Ein fro-hes   Fest!
Fe - li - ci - dad!

Lasst uns froh und munter sein

Text und Melodie:
trad. (aus dem Hunsrück und dem Rheinland)

1. Lasst uns froh und munter sein und uns recht von Her - zen freun! 1.–5. Lus - tig, lus - tig, tra - le - ra - le - ra, bald ist Ni - ko - laus - a - bend da, a - bend da!

2. Dann stell' ich den Teller auf,
   Nik'laus legt gewiss was drauf.

3. Wenn ich schlaf', dann träume ich:
   Jetzt bringt Nik'laus was für mich.

4. Wenn ich aufgestanden bin,
   lauf ich schnell zum Teller hin.

5. Nik'laus ist ein guter Mann,
   dem man nicht genug danken kann.

Fröhliche Weihnacht überall

Text und Melodie:
trad.

1.–3. „Fröh - li - che Weih-nacht ü - ber - all!", tö-net durch die Lüf - te

fro - her Schall. Weih-nachts-ton, Weih-nachts-baum,

Weih-nachts-duft in je - dem Raum! „Fröh - li - che Weih-nacht

ü - ber - all!", tö - net durch die Lüf - te fro - her Schall.

1. Da - rum al - le stim - met in den Ju - bel - ton,

denn es kommt das Licht der Welt von des Va - ters Thron.

2. Licht auf dunklem Wege, unser Licht bist du,
   denn du führst, die dir vertraun,
   ein zu sel'ger Ruh'.

3. Was wir andern trachten, sei getan für dich,
   dass bekennen jeder muss,
   Christkind kam für mich.

Schneeflöckchen, Weißröckchen

Text: Hedwig Haberkorn
Melodie: trad.

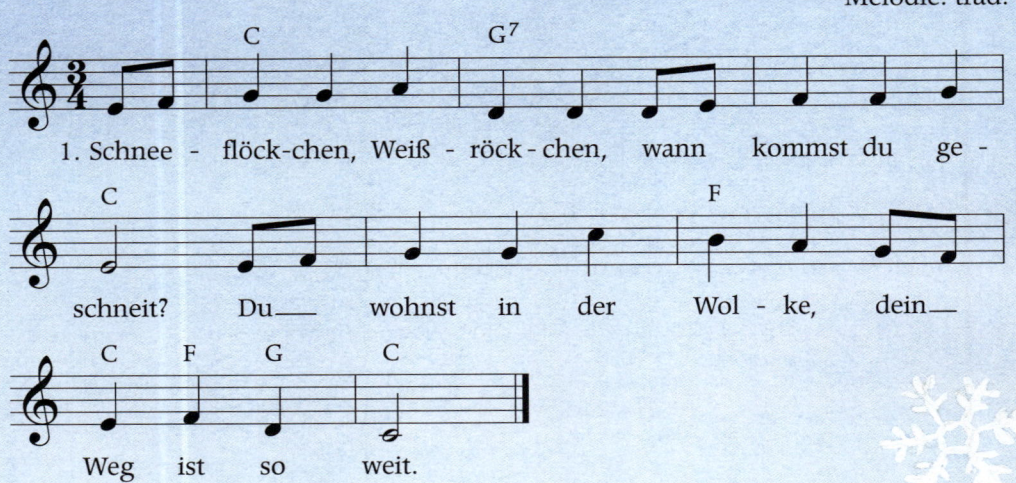

1. Schnee - flöck-chen, Weiß - röck-chen, wann kommst du ge -

schneit? Du— wohnst in der Wol - ke, dein—

Weg ist so weit.

2. Komm, setz dich ans Fenster,
   du lieblicher Stern,
   malst Blumen und Blätter,
   wir haben dich gern.

3. Schneeflöckchen, du deckst uns
   die Blümelein zu,
   dann schlafen sie sicher
   in himmlischer Ruh.

Quellen

Balder-Schäuffelen, Konrad; Beuerlein; Barbara (Text): Kirschen blühen überall. © bei den Autoren.

Bradkte, Hans (Text); **Froboess, Gerhard** (Musik): Pack die Badehose ein. © 1951 by Musikverlag Melodie Froboess & Budde KG, Berlin. Mit freundlicher Genehmigung der Rolf Budde Musikverlag GmbH.

Dehmel, Paul (Text); **Klein, Richard Rudolf** (Musik): Has, Has, Osterhas. Aus: DAS LIEDERNEST Band 1, Fidula-Verlag Boppard/Rhein. © Fidula-Verlag Boppard/Rhein.

Hoffmann, Klaus W. (Text/Musik): Fliege und Mücke/Die Spinne/Sommerzeit – Erdbeerzeit. © beim Autor.

Hoffmann, Klaus W. (Textbearbeitung): Sängerfest im Wald. © beim Autor.

Hoffmann, Klaus W. (Text/Musik): Paule Puhmanns Paddelboot. © Aktive Musik Verlagsgesellschaft mbH, Dortmund (www.aktive-musik.de).

Franzke, Hans-Reinhard (Text und Musik): Der Herbst, der Herbst ist da. Von der Fidula-CD 4414 »Kindertänze«. © Fidula-Verlag Boppard/Rhein.

Kohlhepp, Bernd (Text); **Treyz, Jürgen** (Musik): Wind, Wind, blase. © bei den Autoren.

Kreusch-Jacob, Dorothée (Text/Musik): Rosen, Tulpen, Kieselstein. © Text & Musik: **Dorothée Kreusch-Jacob** (www.DorotheeKreusch-Jacob.com); Verlag: MUSICJUSTMUSIC® (www.musicjustmusic.com).

Kreusch-Jacob, Dorothée (Musik); **Hofmann, Heinrich** (Text): Sophie die Schnupfenhex. © Musik: **Dorothée Kreusch-Jacob** (www.DorotheeKreusch-Jacob.com); Text: **Heinrich Hofmann**; Verlag: MUSICJUSTMUSIC® (www.musicjustmusic.com).

Künzler-Benecke, Rosemarie (Text); **Hoffmann, Klaus W.** (Musik): Blättertanz/ Die Heiligen drei Könige/ Was im Sommer Spaß macht. © bei den Autoren.

Lotz, Thomas (Text/Musik): Feste Fasching feiern. © beim Autor.

Ludwig, Volker (Text); **Heymann, Birger** (Musik): Wir werden immer größer. © GRIPS Liederbuch, Alexander-Verlag Berlin 1999.

Vahle, Fredrik: Dracula-Rock/Der Hase Augustin/Die Rübe. © Aktive Musik Verlagsgesellschaft mbH, Dortmund (www.aktive-musik.de).

Zuckowski, Rolf (Text/Musik): Kommt, wir wolln Laterne laufen. © Mit freundlicher Genehmigung MUSIK FÜR DICH Rolf Zuckowski OHG, Hamburg.

Bibliografische Information der Deutschen Nationalbibliothek
Die Deutsche Nationalbibliothek verzeichnet diese Publikation
in der Deutschen Nationalbibliografie; detaillierte bibliografische
Daten sind im Internet über http://dnb.d-nb.de abrufbar.

Patmos Verlagsgruppe, Mannheim 2010
Sauerländer, Mannheim
Alle Rechte vorbehalten.
Umschlaggestaltung: h.o. pinxit
unter Verwendung von Illustrationen von Tina Schulte
Printed in Germany
ISBN 978-3-7941-7642-7
www.sauerlaender.de